Impressum

Bibliografische Informationen der Deutschen Nationalbibliothek
Die Deutsche Nationalbibliothek verzeichnet diese Publikation in der
Deutschen Nationalbibliografie; detaillierte bibliografische Daten sind im
Internet über http://dnb.d-nb.de abrufbar.

© 2024 Raimund von Löher
Herstellung und Verlag:
BoD - Books on Demand, Norderstedt
ISBN: 9783758369506

Inhaltsverzeichnis !!!

Ritterliche Tugenden

von:
Graf Raimund von Löher

Version 2
Erweiterte Auflage

Bild: 0

In einem mit fünfstrahligem Sternen
bestreuten Schild ein steigender gekrönter Löwe.

𝔓ax vobiſcum !!!

𝓜ein Name ist Rainer Löher. Hier nun ein bisschen zu meiner Person. So zum Kennen lernen. Geboren wurde ich am 19.01.1964 in Plettenberg, aufgewachsen jedoch bin ich in Hessen, insbesondere in Heldenbergen und Eichen wobei ich nun mit meiner Familie in Altenstadt wohne. Seit gut zehn Jahren beschäftige ich mich nun schon mit dem mittelalterlichen Reenactment, ungefähr genauso lange führe ich auch Schwertkämpfe vor Publikum auf. Mittlerweile sind da schon über 30 Auftritte zusammengekommen.
Unterstützt wurde ich hierbei steht's durch meine geliebte Frau, meine beiden Söhne und einigen guten Freunden. An einem Schwertkampfwettbewerb konnten wir gar den Sieg für uns entscheiden und auch als Leiter eines Seminars habe ich bereits meine Erfahrungen gesammelt.
Auszeichnungen und Erhebungen:

1. Es folgte vor der Presse und im HR-Fernsehen (jetzt auf You Tube), die Erhebung am 31.08.2007 zum eingetragenen und urkundlich bestätigten Titel 𝕳𝖊𝖗𝖗 𝖛𝖔𝖓 𝕬𝖑𝖙𝖊𝖓𝖘𝖙𝖆𝖉𝖙.
2. Diesem fügte sich offiziell im August 2009 endlich der
3. alte Familienname meiner Mutter 𝖛𝖔𝖓 𝕸𝖎𝖊𝖘𝖊𝖓𝖙𝖍𝖆𝖑 hinzu.
4. März 2010; Genehmigung zur Benutzung des Gemeindewappens (Schwarzer Adler auf weisem Grund).
5. September 2014; Aufnahme des (von Ihnen erworbenen) Buches Ritterliche Tugenden in der Monumenta Germaniae Historica. Der Gesellschaft für ältere
6. deutsche Geschichtskunde.
7. September 2015; Ernennung zum offiziellen
8. 𝕽𝖊𝖕𝖗𝖆𝖘𝖊𝖓𝖙𝖆𝖓𝖙 𝖉𝖊𝖗 𝕲𝖊𝖒𝖊𝖎𝖓𝖉𝖊 𝕬𝖑𝖙𝖊𝖓𝖘𝖙𝖆𝖉𝖙 i.a.m.B., ebenfalls durch unseren Bürgermeister Herr Norbert Syguda.

Als Dank haben wir daraufhin in Altenstadt erfolgreich einen mittelalterlichen Markt als Benefizveranstaltung für den hiesigen Verein für krebskranke Kinder organisiert. Kurz darauf gründeten wir in Altenstadt eine mittelalterliche Interessengemeinschaft die bis heute bestand hat. So kann man durchaus behaupten, dass ich nahezu alles, was mit diesem Thema im Zusammenhang steht, bereits gemacht habe und aufgrund von Erfahrungen zurückgreifen kann und durchaus weis, worüber ich hier nun berichten darf. Dieses Buch habe ich mit, als auch aus meinem Herzen geschrieben.

Viel Freude damit! Raimund-von-loeher@gmx.de
HP.: von-loeher-Raimund.jimdofree.com

Eine kleine Abhandlung über ritterliche Tugenden und Verhaltensweisen.

Zusammengetragen von Raimund von Löher.

Für all die, die sich gern mit der Darstellung des Mittelalters und hier insbesondere mit der des Ritters beschäftigen. Ich hoffe, dass dies helfen mag, ein besseres Bild von einem vollkommenen Ritter zu erhalten.

Ein Gedanke, ein Wunsch,
ein Kleinod in Worte gefasst.

Einführung in eine Zeit, in eine Epoche, die zu einer der interessantesten der europäischen Geschichte gehört. In welche Kaiser und Könige, Ritter und Bauern noch heute durch Vereine und freien Darstellern am Leben erhalten werden, damit unsere Geschichte nicht in Vergessenheit gerät.

Für viele von ihnen ist es mehr als nur ein Hobby dessen sie sich am Wochenende gelegentlich widmen. Vielmehr ist es eine Lebenseinstellung, die ich hier aus meiner Sicht ein wenig zu verdeutlichen versuche.

*I*mmer wieder stellt man fest, dass von vielen Personen, ob innerhalb oder außerhalb der mittelalterlichen Welt (Darstellungen), die ritterlichen Tugenden, denen ein Ritter einst nachstrebte, nicht wirklich bekannt sind und sie daher verfälscht wiedergegeben werden.

Ich glaube sagen zu können, dass die meisten mir bekannten Personen, die die Darstellung eines Ritters für sich gewählt haben, den edleren, meinetwegen auch den „romantischeren" Part gewählt haben. Wir möchten daher den höflichen, höfischen Ritter darstellen, der besonnen und vernünftig handelt, sowie freundlich und zuvorkommend ist. Der selbstredend mit dem Schwert umzugehen versteht, doch darüber hinaus allen Menschen mit Achtung und Respekt begegnet. Sollte er auch überdies sein Gegenüber mal nicht „verknusen" können, so wahrt er dennoch die nötigen Anstandsformen. Sicher begegnen uns auf verschiedenen Veranstaltungen auch immer wieder Ritter, die versuchen, böse oder grimmig dreinzublicken, um damit vielleicht Stärke zu demonstrieren (sowohl wir alle wissen, dass Stärke sich nicht allein durch körperliche Kraft definiert), jedoch möchten wir uns von diesem Gehabe distanzieren. So habe ich aus den verschiedensten Veröffentlichungen das Bild eines vollkommenen Ritters zusammengetragen, gebündelt und aufgelistet.

Eine Anmerkung vorweg;

"Selbstredend erhebe ich keinen Anspruch auf Unfehlbarkeit und absolute Richtigkeit! Dies sind meine Gedanken, die ich persönlich durch Beobachtungen und Erfahrungen gesammelt habe. Es sind meine Vorstellungen von einem ritterlichen Ideal und ich hoffe das es Menschen gibt, die dies mit mir teilen."

Ein Beispiel möge verdeutlichen, wie man mit dem Vorliegenden umgehen sollte. Ein Ritter stellt stets einen Christen dar. So sollte der Ritter stets darauf bedacht sein, seine Tat, sein Reden und sein Handeln fortwährend zu verbessern. Ein Christ ist stets bemüht, dem Wort Gottes gerecht zu werden.

(Bild 1)

Obwohl jeder von uns weiß, dass die Bibel von einem hundertprozentigen Ideal ausgeht und wir dies eigentlich niemals erreichen können, so wird doch gerade durch unser beständiges Bemühen darin, ein jeder in seinem Handeln fortwährend verbessert. Ebenso sind die Tugenden eines Ritters zu verstehen. Sooft wir versuchen den Tugenden nachzueifern, sooft werden wir uns in sie verbessern. Wissend, dass wir sie dennoch niemals in ihrer Gänze erlangen können.

Natürlich gab es auch die sogenannten Raubritter, die keineswegs hohen Idealen folgten, sondern nur ihre persönlichen Interessen durchzusetzen versuchten. Auch gab es freie Söldner, die, nachdem sie aus den Diensten ihrer Herren entlassen wurden, sich nicht selten zusammenrotteten um plündernd und mordend durch die Lande zu ziehen. Doch glaube und hoffe ich, dass dies niemand wirklich darzustellen versucht. Auch wenn es sie wirklich gegeben hat und diese nicht zu wenige waren, so soll dies nun hier und jetzt nicht unser Thema sein. Wir hingegen wollen uns mit dem wahren Rittertum beschäftigen.

Vor kurzem sagte mir jemand, als er das vorliegende Buch gelesen hatte, „hier geht es aber nur um den Adel, nicht um die gewöhnlichen Leute/Bauern. Die Ärmeren hatten ja gar nicht die Gelegenheiten diese Tugenden zu erlernen, zum Beispiel den Frauen gegenüber".

Das ist so auch richtig und auch so beabsichtigt. Hier geht es nur um die Darstellung eines Ritters, denen sich eben viele von uns widmen.

Es waren die Geschichten, die man sich des Abends und insbesondere in den langen, kalten Wintermonaten erzählte. Sie waren von Heldentaten, Ruhm und Ehre erfüllt und beeinflussten die Vorstellungen und Gedanken der Menschen, die sie hörten.

Hatte man das Glück, einigermaßen wohlbehütet aufzuwachsen und bis zu einem gewissen Maß frei von Ungerechtigkeiten zu sein, so umgab eben genau dies einen doch überall spürbar. Doch nun erzählte man sich von Mut und Kühnheit, man hörte von ehrenhaften Rittern, die für Gerechtigkeit einstanden und den Menschen Schutz boten.

So waren es bestimmt nicht wenige, die einst diesem Ideal gerne nachzustreben versuchten. Daher spricht man unter anderem auch von der „Blüte des Mittelalters", dem Höhepunkt des Rittertums.

Kleine Kunde der Gewandungen, ihrer Farben und ihrer Kostbarkeit

Um noch einmal zum Klappentext zurückzukommen, ob der Kleidung der Bevölkerung im Mittelalter tatsächlich so gänzlich ohne Farben waren wie wir es oft zu sehen bekommen, eintönig und überwiegend schwarz und grau. Auf den ersten Anschein könnte dem ein oder anderen der Gedanke aufkommen, dass Kleidung im ersten Moment doch nichts mit Tugenden zu tun hat. Dies stimmt aber eben nur auf den ersten Blick. Ich habe dieses Kapitel hinzugefügt, um damit zu verdeutlichen, wie schwer man doch damals an Stoffe gelangte und wie wertvoll daher Kleidungsstücke angesehen wurden. Erst recht wenn wir von einer Edelgewandung sprechen. Und die daraus resultierende Pflege der Gewandungen ist eben sehr wohl eine Tugend.

Hier einige Bilder die diesem eindeutig und nachhaltig widersprechen. Genießen sie die Farbpracht der Gewandungen auf den folgenden Bildern.

1a   1b

1c

1d

1e

1f

Die Bilder die uns immer wieder im Fernsehen und Kino geboten werden, eignen sich durch seine überwiegend dunklen Farben leider hervorragend dazu, um das Mittelalter eben in eine schmuddelige und dunkle Epoche zu schieben, was dann leider viele auch wieder für wahr betrachten. Auffällig sind hierbei nicht nur die Fantasiefilme und Serien, sondern leider auch viele Mittelalterfilme. Schade, dass man da nicht bei der einfachen Authentik bleibt, obwohl es dem Film nur gut tuen würde. Eine gelungene Ausnahme hingegen stellt hier allerdings die Verfilmung des Romans *Die Tore der Welt* von Ken Follett dar. Nicht nur die Hauptcharaktere sind gut gekleidet, wer den Film sich genauer anschaut bemerkt, das auch manche Komparsen im Hintergrund nicht nur farbenfroh gewandet sind und das die weiblichen von ihnen gar eine authentische Kopfbedeckung wie Schleier, Haube und Schapel tragen. Obwohl auch hier ein wenig mehr davon nicht geschadet hätte.

Bis ins 20 Jahrhundert hinein wurden die benötigten Stoffe auf den heimischen Webstühlen hergestellt, was den logischen Schluss zulässt, dass Kleidung sehr wertvoll war und daher achtete man auch darauf, dass man sie nicht übermäßig verschmutzte. Auch übelriechende Kleidungsstücke wurden zügigst gereinigt. Im Grunde nicht viel anders als jeder von uns auch heute auf seine Lieblingskleidung achtet.
Man sah zu, dass es nicht zerriss und flickte es zügig.
Zur Verfügung standen dabei die bekannten Stoffe wie Baumwolle, Leine / Hanfgewebe und als die Seide um 1000 / 1250 das Licht der Welt erblickte, gesellte sich

auch diese hinzu. Zunächst gebrauchte man die Stoffe im Einzelnen, wobei die Baumwollstoffe als Untergewand (Cotte) dienten und die Leinenstoffe als Übergewand (Surcoht).

Seide allein wurde hingegen nie für ein komplettes Gewand benutzt. Sie fand Verwendung als Innenfutter. Denn ausschließ jedes Kleidungsstück hatte ein andersfarbiges Innenfutter.

Recht schnell begann man damit, die Stoffe miteinander zu Mischgeweben zu verarbeiten, woran sich auch die Seide beteiligte. Alles konnte und wurde mit jedem gemischt. Mit den fortschreitenden Jahren kamen in den Städten mehr und mehr Gilden und Zünfte auf, wo professioneller und schneller die Stoffe hergestellt werden konnten. Also so professionell, wie es eben die damalige Zeit zuließ bzw. möglich war. Aber dies war nicht minder aufwändig und erforderte hohe und herausragende Fingerfertigkeiten nicht nur beim verarbeiten, sondern auch bei der Herstellung des Garns der immer feiner gearbeitet wurde. Gerade bei luxuriöseren Gewandstoffen wie gemusterte Damaste, Brokate, Seidenstoffe und hochwertige Borden.

Schließlich begann man sogar Goldfäden in den Stoffen mit einzuweben. Diese Fäden konnten zum einen aus fein gezogene Metalldrähten bestehen, oder zum anderen aus einem Textilfaden, der mit hauchdünnen Goldstreifen umwickelt war. Golddurchwirkter dünner Seidentaft, der für Schleier und Innenfutter verwendet wurde, ist ein Produkt das so hergestellt wurde. Was die Farben betrifft, so begann man schon sehr früh, nicht nur wie zu Beginn, einfarbige Stoffe herzustellen.

Beim Damast war es, je nachdem wie das Tageslicht (bzw. Kerzenlicht am Abend) auf ihn fiel, dass es den Anschein erweckte, als würde er seine Farben wechseln können, was gerade in verschiedenen Mustern gelungene Wirkung fand.

Schon bevor diese Stoffe in Europa und hier im besonderen in Spanien und Italien hergestellt wurden, waren diese Stoffe schon viel früher als Importware bekannt und beliebt geworden. Sie kamen unter anderem aus Arabien, Byzanz, Persien und China. Darüber hinaus hatte der Adel sein Kleiderluxus auch durch seine Beute aus den Kreuzzüge geweckt.

Neben den Mustern von geschwungenen Linien und Schattierungen, die durch geschicktes Weben entstanden, wurden gerne auch Pflanzen, Tiere und Fabelwesen in die Stoffe hineingearbeitet. Oder auch religiöse Symbole für den Klerus. Nachfolgend habe ich einige Bilder von Stoffen Edelgewänder. (8x Bilder 1j)

Anfangs wurden die Muster eher größer gehalten, doch mit der zunehmenden Erfahrung darin wandte man sich später immer feineren Mustern zu. Einer der bekanntesten Stoffe ist zum Beispiel die Adlerdalmatika. Ein mit Adlern bestickter Krönungsmantel der deutschen Kaiser, erstmals um 1350 erwähnt. Dieser Stoff kam tatsächlich aus China (siehe Seite 105). Der Mantel wurde anfangs fälschlicherweise den Insignien Karls des Großen zugeschrieben. Wohl hervorgegangen von Albrecht Dürer, der in einem Bild Karl den Großen in diesem Mantel darstellte, was sich aber später als falsche Interpretation herausstellte. Er wurde wahrscheinlich um 1300 aus chinesischem Damast – „roter Seidenkörperdamast", der im Stoffmuster das „chinesische Wolkenband" zeigt und eben aus einem Mischgewebe aus Damast und Seide gefertigt.

Um das Jahr 1245 gesellte sich noch eine weitere Variante eines Stoffes hinzu. Der Samit'. Was diese Art von Stoff betrifft, darf dieser nicht mit dem heutigen bekannten Velours verwechselt werden. Diese neue Art wurde allerdings erst am Ende des 13 Jahrhunderts als Kleidung erwähnt. Er scheidet somit aus, wenn jemand das Hochmittelalter darstellen möchte.

Grundsätzlich kann gesagt werden, dass es mit den fortschreitenden Jahren immer besser gelang, die verschiedensten Stoffe miteinander zu kombinieren und diese mit aufwendigen wie auch einfachen Verzierungen von Blumen, bekanntem Getier und Fabelwesen miteinfließen zu lassen.

Farben:

Rot, Blau, Grün, Gold, Weis, Scharlachrot, rosa, blauviolett und in all ihrem auf und ab verspielten Variationen boten dabei viel Abwechslung. Nicht zu vergessen sind der Kleider Accessoires, die durch die verschiedensten Pelze, Trotteln oder metallene Knöpfe erreicht wurden, die nicht selten einfach nur als Schmuck aufgenäht wurden, ohne dass sie einen besonderen Zweck dabei erfüllten. Belegt durch verschiedene Quellen ist es zudem, dass viele (nicht alle) Adlige ihre farbenfrohen Kleider, wenn sie eben dies nicht mehr tragen wollten, oder der Stoff die Pracht der Farben nicht mehr halten konnte, sie diese den ärmeren Schichten übergaben. Zunächst einmal denen im eigenen Haushalt, dann aber auch darüber hinaus, womit sich, peu a´ peu, auch das Bild der unteren Schichten farbenfroher gestallten musste.

Auch die Farben Gelb und Schwarz wollen wir hier nicht unerwähnt lassen, gleichwohl diese nicht ganz einfach in ihrer Nutzung waren. Denn Gelb, wenn leuchtend und kräftig durch das Färben mit Safran erreicht, war einzig der Oberschicht vorbehalten. Zwar wurden diese auch bei der Herstellung der Surcohts verwendet, doch fanden sie eher Verwendung für Gewandinnenfutter und Untergewänder. Ein stumpfes, fahles oder blasses Gelb hingegen galt als Schandfarbe für Außenseiter wie zum Beispiel der Prostituierten. Sollten sie kein gelbes Gewand tragen, so mussten sie ihre Haube mit einem gelben Band kennzeichnen.

Schwarz hingegen, gemischt mit glänzenden Damast oder Brokat, war ohne Frage eine sehr vornehme Gewandung, obgleich Schwarz die Farbe des Klerus war.

Und mit noch einer Farbvariante wollen wir das Thema zum Abschluss bringen. Die Verwendungen von "Mi-parti". Hier ist das gemusterte Gewand gemeint, das sich in der linke Seite von seiner rechten Seite an Farbe unterscheidet. Denken wir an das Schachbrettmuster. Wer solches trug, machte nach außen hin deutlich, dass er in einem Abhängigkeits- oder Dienstverhältnis stand. Das konnte bedeuten dass er die Stelle eines Amtsdiener innehatte, oder zur Stadtwache gehörte. Er war ein Stadtsoldat (uniformierte Waffenröcke), ein Gaukler, ein Narr. Auch Musikanten und Schergen (jemand, der unter Anwendung von Gewalt jemandes Aufträge vollstreckt; besonders einer politischen Macht; Handlanger), trugen diese Art von geteilten Farben als Gewand.

Eine andere, weitere Verwendung des Mi-parti wurde allerdings auch vom Adel getragen. Nämlich dann, wenn sie ihre Wappenfarben und Muster auf Rüstungen und Wappenröcken trugen, ob in der Schlacht oder bei einem Turnier. Selbst die Damen trugen zu solchen Anlässen gelegentlich die Farben ihrer Männer. Eben ein "Wappen"-gewand. Sonst wurde das Mi-parti nicht getragen wurde.

Gewiss kann man sich weitaus tiefer mit dem Thema der Gewandungen befassen und würde noch viel interessantes dabei enddecken. Doch lasst uns zum Abschluss dieses Kapitels der (farbenfrohen) Kleidung noch einige Beispiele von Darstellern ansehen, denen die hervorragende Umsetzung von Stoffen, Farben und Mustern in die authentische Darstellung (Reenactment) wirklich gelungen ist.

Graf Andres Hora z Zlinicz nebst Gemahlin Gräfin Flora Susanna

Graf Andres / Ulf Hanebuth

Ulf Hanebuth & Andrea Höweling, Diekholzen

Bild links. Gräfin Cecilia Isabella v. Löher / Edeldame Melanie v. Nordheim
Bild rechts. Erbgraf Bartholomäus v. Löher nebst Gemahlin Katharina

Keltische Darstellung Danny und Nadine Löher

Chevalier Michael v. Nordheim nebst Gemahlin

Graf Raimund v. Löher / Gräfin Cecilia Isabella / Erbgraf Batholomäus v. Löher

Reenlarpment auf Burg Ronneburg   (Mit freundlicher Genehmigung von Jochen Picard)

Doch nicht nur durch Kleidungsstücke ist die Farbenfrohheit der Menschen damals zu beweisen. Das lässt sich auch ausgezeichnet durch die vielen, vielen Illuminationen, die Kunstgattung der Buchmalerei in Bildlichen und verzierungsreichen Darstellungen aus jener Zeit belegen.

Verzierungen an den Rändern der einzelnen Buchseiten durch Blätter, kunstvollen Ranken in denen gleichermaßen Fabelwesen als auch tatsächliche Tiere eingearbeitet wurden. Es tauchen Berufe, Jahreszeiten, edle als auch nicht edle Personen, ganze Gebäude und der gleichen mehr auf. Eben solche sind später auch auf Stoffe gewebt worden, was diese nochmals bunter und verspielter erscheinen ließ. Warum sollte man solche prachtfarben auf Tierhäuten Pergament und später auch auf Papier aufbringen, wenn es nicht eben doch real war und auch in der Kleidung Verwendung fand? Genießen sie daher die folgenden Farbenfrohen Bilder.

1h

1i

Teil 1

(Bild 2)

Kaiser Friedrich I mit seinen Söhnen Heinrich VI (bereits mit Krone) und Friedrich von Schwaben.

$\mathcal{P}$fingsten 1184. Kaiser Friedrich I, Barbarossa.

„Ein (*Der*) Herrscher aus dem Geschlecht der Staufer. Der größte römisch-deutsche Kaiser des Mittelalters will (unter anderem) seinen Söhnen Heinrich (18) und Friedrich (17) die Schwertleite geben und sie so in den Stand des Ritters erheben. Als Männer die würdig sind, der Ritterschaft anzugehören.

(Bild 3)

Auf den Wiesen der Maaraue bei Mainz wird dazu ein Hoffest veranstaltet, welches als das größte überlieferte Fest seiner Art in die Geschichte eingegangen ist. Als Ritter wird er sie in den Stand erheben, deren Mitglieder in ganz Europa gemeinsame Werte haben. Kaiser Friedrich hatte einst ganz Konkrete Vorstellungen von dem Sinn der Ritterschaft und seinen Tugenden, denen sie nacheiferten. Er selbst drückte es mit den folgenden Worten aus:

„Als Lehnsmann ist der Ritter zur Treue verpflichtet, als Krieger der Tapferkeit, als Christ zur Verteidigung des Glaubens. Sie wissen das Schwert zu führen, sie beherrschen die Kunst des Reitens und die Jagd mit dem Bogen. Man ist gewandt im Umgang mit den Worten und das Auftreten ist vollendet höfisch. Er ist dem Schutz der Schwachen und der Kirche verpflichtet. So strebt der Ritter nach Ruhm und Ansehen." (1*)

Friedrich der Zweite. 1215—1250.

(Bild 4)

(Kaiser Friedrich II mit seinem Lieblingsfalken. Des Kaisers Regierungszeit 1215-1250)

Soweit mir bekannt, äußerte sich über diese Vorstellungen und Definitionen eines Ritters später auch „Stupor Mundi" auf seine Weise. Er war der Sohn des deutschen Königs Heinrich der VI. und Enkel des Kaisers Friedrich I Barbarossas. Er war Kaiser Friedrich II. (Kaiser von 1215-1250), den man auch „Stupor Mundi", das „Erstaunen der Welt" genannt hatte. Eine seiner Definitionen über das Rittertum und seinen Tugenden äußerte er mit den Worten: „Er darf sich nicht dem Spiel und ähnlichen Vergnügen ergeben. Der Ritter sei eine Zierde der Nation und sein Ehrbegriff sei das Fundament jener Würde".

Und zur Zeit Karls des Großen hieß es: „Ein rechter Ritter soll sich nicht austoben, nicht herumhuren, nicht saufen und raufen". (1a)

Aus den Aussagen dieser drei Könige, Kaiser und großen Führern des Mittelalters lässt sich nunmehr Folgendes ableiten: Das ein Ritter sich vor allem durch seine Tugenden, die er sehr ernst nahm, auszeichnete. Sie bildeten den Lebensinhalt eines jeden Ritters und bestimmten seine Ziele und Wünsche. Für ein besseres Verständnis dieser Tugenden möchte ich nun etwas näher darauf eingehen.

Karl der Große. 768—814.

Nun gibt es mittlerweile eine ganze Reihe von Büchern, die extra für Kinder geschrieben wurden und geschrieben werden. Diese sollen ihnen helfen unsere gemeinsame Vergangenheit, das Mittelalter mit seinen Menschen, Burgen und Lebensarten einfach und treffend näher zu bringen. Nichtsdestotrotz kann aber hier auch jeder Erwachsene gezielt über das ein oder andere Thema zufrieden stellende Antworten finden.

So möchte ich im Folgenden Teil die „sozialen Tugenden" ansprechen und sie in 4 Unterabschnitte einteilen, um sie besser hervorheben zu können. Der Grundgedanke dieser Betrachtungen ist gemäß der Aussage: „Die größte Waffe sei nicht Dein Schwert, sondern Dein Herz, ebenso sollte Dein fester Glaube an unseren Schöpfer sich zuerst in Deinem Herzen finden. Nur so kannst Du ihn in all seiner Güte und Gerechtigkeit in Deinen Tätigkeiten widerspiegeln. Nicht vergessend Deines Schwures an den ritterlichen Codex, den Du gelobtest zu erfüllen. So wie wir und unsere Väter vor uns es taten".

Teil 2

Arten der Tugenden

Die Soziale Tugend.

Der Ritter strebte oder eiferte (je nachdem welche Persönlichkeit er besitzt) demnach lohnenden Tugenden entgegen. Als da wären:

Freigiebigkeit, Ehrlichkeit, Höflichkeit, Treue Tapferkeit und Hilfsbereitschaft.

Sicherlich gibt es weit mehr an Tugenden, wenn man sie explizierter auflisten mag, doch sind dies die bezeichnenden Eckpfeiler der Ritterlichkeit.

Lesen wir sie nochmals etwas langsamer.

Liegt es nicht auf der Hand, dass sie viele Probleme lösen würden, würde man ihnen nicht auch heute noch nacheifern?

Das waren lohnende Ziele, jedoch auch sehr hohe Anforderungen, die man als Ritter dennoch versuchte bestmöglich anzustreben. Schon früh begann man daher diese Werte seinen Kindern mit auf den Weg zu geben. Eine Ausbildung zum Ritter wurde damals bereits mit sieben Jahren begonnen. Der Knabe wurde einem der Familie bekannten oder auch berühmten Ritter anvertraut und an einem anderen Hof beziehungsweise Burg gesandt. Dienende Aufgaben waren die nächsten Jahre seine erste Aufgabe. Beginnend als Page wurde er zumeist der Herrin zugeteilt, die ihm das höfische Verhalten beibrachte. Zum Beispiel wie man Speisen serviert oder wie man sich selbst am Tische benimmt. Eben Tischmanieren. Es folgte der eben höfische Umgang mit der Damenwelt. Aussprache, Konversation, Tanzen, Unterhaltung verschiedenster Arten. je nach dem in welcher Zeit und wo er lebte auch Lesen, Rechnen und Schreiben.

Zwischen 12 und 14 Jahren begann dann der eigentliche Dienst und Erziehung zum Knappen bei den Hausherren oder dem Ritter, der ihm von den Hausherren zugewiesen wurde. Neben dem höfischen Verhalten kam jetzt auch das Kämpfen mit all seinen Variationen der Waffen hinzu und natürlich der angesehenste Waffengang, dass Tjosten.

(Bild 5a)

War der Heranwachsende schon ein wenig älter, wurde er von einem oder Dienern auf einem Holzpferd mit Rädern über den Platz auf ein Ziel gezogen, wie es auch mehrfach in anderen Büchern belegt ist. Es galt die Haltung nicht zu verlieren und die Tjoststange nicht sinken zu lassen.

Zeitgleich erfolgten das Reiten und der Umgang mit dem Pferd. Wurde er dann zum Knappen erhoben. Welches theoretisch mit 18 Jahren erfolgen konnte, bei einigen später, während andere nie zum Ritter erhoben wurden und zeit ihres Lebens Knappe blieben.

Neben all diesen Tätigkeiten zählte sogar auch das Singen zu seiner Ausbildung dazu. Haben Sie jetzt vielleicht auch dieses Bild im Sinn, wie der Ritter sein Minnelied seiner Liebsten singt? Romantisch?

Warum nicht? 😊

Ein Minnesänger lebte zudem nach der Divise:
„Wessen Brot ich ess, dessen Lieder ich sing", so sagte es einst ein Minnesänger und machte damit deutlich, dass er natürlich auch sang, was der momentane Herr von ihm erwartete. Natürlich Unterhaltungsmusik, aber durchaus auch Lobgesang über den Herrn selbst.

Es dürfte auf der Hand liegen, dass dies nicht jeder zur Gänze beherrschen konnte. Schließlich ist ja auch von uns nicht jeder ein begnadeter Sänger und ein echter Tausendsasa. Nichtsdestotrotz wurden eben diese erwähnten Tugenden von Minnesängern in ihren Liedern aufgenommen. Minnesänger waren Nachrichtenträger, sie verbreiteten Neuigkeiten über den Adel und dem Weltgeschehen und trugen dies von Burg zu Burg.

(Bild 6)

Ihre Lieder handelten von heldenhaften Rittern und ihrer Liebe/Minne zu einer Frau, für die sie in den Kampf zogen und der sie ihre Dienste anboten, die dennoch in unerreichbarer Ferne war. Es war nicht selten, dass solche Minnesänger gar mehrere Jahre auf einer Burg verweilten und die Menschen aus der ganzen Umgegend herkamen, um ihre Darbietungen zu hören. Auf diese Art und Weise verbreiteten sich Nachrichten und Ereignisse, Klatsch und Tratsch, aber eben auch jene Vorbilder, die so in den Köpfen der Leute Einzug hielten.

„Am Schicksal der in den Rittersagen dargestellten Helden lernen wir so nicht nur das Rittertum und seiner Bedeutung kennen, sondern bekommen auch einen Eindruck vom Leben in der damaligen Zeit".

So ist es nachzulesen in dem Buch der Rittersagen. (8*)

Tugend gegenüber dem Herrn

Bekam ein Ritter von seinem Herrn zum Dank für seine treuen Dienste ein Lehen überreicht (etwas was durchaus auch einem Knappen zuteilwurde), so musste er diesem den Treueid leisten. Dazu kniete er sich vor seinen Herren nieder und legte seine gefalteten Hände, in die zu einer Schale geformten Hände seines Lehnsherrn und sagte folgenden Wortlaut auf:

„Deine Feinde sind meine Feinde, deine Freunde sind meine Freunde, ich will Dir allzeit treu und gegenwärtig sein, wenn Du mich brauchst". (2*)

Auch ich hatte bereits das Vorrecht diesen Treueid einmal sprechen zu dürfen. Am 31.08.2007 wurde ich von unserem Bürgermeister zum "Herrn von Altenstadt" ernannt. Im Rahmen einer kleinen mittelalterliche Feier, bei der auch die Presse und das Fernsehen geladen waren, wurde mir dazu eine entsprechende Urkunde der Stadt überreicht.
Ich weiß noch sehr gut wie nervös ich damals war, dass ich diese authentische Zeremonie selbst erfahren durfte.

(Bild 7)

(Ein Ritter leistet seinen Herren den Treueid)

" *Es* war Treue, Gehorsam und Respekt die er seinem Herrn gegenüber zeigen musste. Darüber hinaus musste er tapfer sein, um die Interessen seines Herrn in der Schlacht zu verteidigen".

Zudem verpflichtete sich der Ritter die abhängigen Bauern in seinem Lehen zu schützen und ihnen Land zu geben, dass sie dann bewirtschaften konnten. Wofür sie wiederum einen Teil ihrer Ernte an ihren neuen Herren abzugeben hatten.

Tugend gegenüber der Kirche!

Im zehnten Jahrhundert stellte die Kirche neue Gesetze und Regeln auf, die den christlichen Glauben vertiefen sollten. Von nun an war der Ritter mehr als nur ein berittener Krieger, von nun an war er auch ein gläubiger Christ, der ein gottesfürchtiges Leben zu führen hatte. Aus einer Zeit kommend, in der Kirchen geplündert und zerstört wurden, beschütze er fortan Kirchen und ihre Heiligtümer sowie Priester, Nonnen und Mönche.

Kranken, Armen und Schwachen hatte er zur Hilfe zu eilen und ihnen in ihrer Not beizustehen. Selbst im Codex der Ritterschaft, dem sich jeder Ritter und Adlige bei Amtsantritt verpflichtete, wurde dieser Grundsatz mit aufgenommen. Mit den Worten:

Beschütze die Wehrlosen und diejenigen die sich nicht selbst verteidigen können.

Ungläubige hingegen hatte er zu bekämpfen.

Tugend, die in der Höflichkeit ihren Ausdruck fand.

Gelassenheit, Maßvoll und besonnen sollte des Ritters Handeln sein. Man erwartete von ihm Gelassenheit, Großzügigkeit, wohl erzogen und zu allen höflich. Das war das Ideal und das Ziel. Und wie das eben so ist mit den Idealzielen, es sind vielmehr *Wege* die einen, wie Eingangs bereits erwähnt, vorwärtsbringen. Und man hat diese sehr ernst genommen. Wenn auch nicht jeder.

Vor allen Frauen gegenüber zeigt sich ein Ritter sehr zuvorkommend und ehrerbietig.

Bild 8 (Ausdruck der Höflichkeit und Ehre einer Frau gegenüber)
(Die Errettung einer Frau aus Not)**Bild 9**

Darüber hinaus ist sein Wort seine Ehre und dies gilt vor jedermann. Die Bekräftigung durch einen Schwur benötigte er nur in außergewöhnlichen Fällen.

All das, der ganze Kodex, es wäre völliger Nonsens gewesen einen solchen ins Leben zu rufen, hätte sich damals sowieso keiner darangehalten und danach ausgerichtet.

Was sich hier sehr gut einfügt ist diese

Falschdarstellung;

die gelegentlich immer wieder mal zu Gehör kommt. >>Dass die Herren Ritter sich stets und ohne Scham an der Bevölkerung bereicherten und sich nahmen was sie wollten, zogen sie denn durch die Lande ihres Weges<<. Fakt ist es jedoch, dass wenn ein Ritter von seinem König oder Kaiser entsprechend seinem Lehnseid aufgefordert wurde sich zu einem Treffen zu begeben bestimmte Auflagen zu erfüllen hatte, die er gemäß seinem ritterlichen Kodex auch geschworen hatte zu erfüllen. Vorab sei gesagt, dass so ein Ritter in voller Ausrüstung eine teure Angelegenheit war. So beliefen sich zum Beispiel die Kosten zur Zeit Karls des Großen für ein Schlachtross und Ausrüstung auf gut 45 Kühe.

Hier ein paar Zahlen.

Eine Kuh zurzeit Karl des Großen hatte den Wert von ca. 70 Silberdenare (später Pfennig genannt). Das heißt, dass die komplette Ausrüstung eines Ritters um die 3150 Silberdenare Wert war.

Im Vergleich hierzu ist es ganz hilfreich, wenn man zum Beispiel den Tageslohn eines Steinmetzes oder eines Zimmermanns dagegenhält. Angesehene und gefragte Berufe. Der Tageslohn lag bei 2 Pfennig im Winter und ganze 4 Pfennig im Sommer. Nehmen wir den größeren Sommerlohn von 4 Denaren, dann lag der Monatslohn gerade mal bei 104 Denare (der Samstag war Arbeitstag). Zumindest im Sommer!

Eine Kuh war daher ein 2,5 Jahreseinkommen wert. Somit galt ein Hof, der damals auch nur eine einzige Kuh besaß, bereits als recht wohlhabend.

Ein Ritter mit Ausrüstung war also wirklich echt teuer. Und weil wir schon dabei sind, eine Mahlzeit in einem Gasthaus lag bei ca. 3 Pfennig.

Doch das nur am Rande.

Der oben erwähnte Ritter und Lehnsmann, der dem Ruf seines Königs folgen musste, stand auch in der Pflicht etliche Gefolgsleute, wie Pagen, Knappen und Ritter aus seinem Lehen zum Kriegszug mitzubringen und auszurüsten. Ein wirklich teures Unterfangen also. Dazu möchte ich kurz erwähnen, dass zur besagten Ausrüstung seit dem Ende des 13 Jh. (1280/90) auch der Plattenhandschuh nachweisbar ist, wenn auch der Kettenfäustling bis ca. 1320 vorherrschend war. Da doch immer wieder behauptet wird, dass er erst wesentlich später in Erscheinung trat.

Doch nun zu der obenstehenden falschen Annahme, dass sich Ritter an der Bevölkerung frei bedient hätten. So kann man in einem Brief Karls des Großen lesen:

"Es wird Dir hiermit bekannt gegeben, dass wir unsere Reichsversammlung in diesem Jahr in das östliche Sachsen einberufen haben. Wir befehlen Dir, dass Du mit all Deinen Männern an den 15. Kalenden des Juli dorthin kommst. Deine Gefolgschaft muss vollständig ausgerüstet sein mit Waffen, sonstigem Kriegsgerät, Lebensmitteln und Kleidung. Vom Datum der Versammlung aus gerechnet muss der Proviant für drei Monate reichen. Auf dem Weg zum Versammlungsort darf nichts vom Volk beansprucht werden außer Futter für die Pferde, Brennholz und Wasser.

Damit wird klargestellt, dass die einheimische Bevölkerung unter keinen Umständen schikaniert und ausgeplündert werden darf.

Setzten wir dies zum besseren Verständnis doch einmal in unsere heutige Zeit um. Was würde es wohl für uns bedeuten, wenn unser Chef uns mitteilen ließe, wir hätten auf eine Dienstreise zu gehen und unser gesamtes Essen für die nächsten drei Monate selbst mitzunehmen, weil es unterwegs nichts zu kaufen geben wird!" (3a*)

Dennoch ist es heute bekannt, dass es auf dem Weg zum dritten Kreuzzug ins Heilige Land, unter der Führung des Kaisers Friedrich Barbarossa, immer wieder zu Plünderungen an der Bevölkerung entlang der Strecke gekommen war. Wie auch heute gilt es also nach wie vor: Es wird immer Ausnahmen geben! Allerdings muss man zugutehalten, dass der Kaiser gegen jeden Mann harte Strafen für ein solches Vergehen verhängen ließ, so dass es ihm zum Schluss hin fast gelungen war, wieder Disziplin in die Reihen zu bekommen. Was sicherlich nicht einfach gewesen war, bedenkt man die Größe seines Heeres von gut

15.000 Mann, das sich ihm auf diesen langen Marsch angeschlossen hatte. Auch hier wollen wir zweierlei festhalten; Zum einen, dass es des Ritters Pflicht war, "nicht" gegen das Volk zu handeln und zum anderen, dass, obwohl es Übergriffe an der Bevölkerung gab, sich längst nicht alle Ritter in des Heeres Friedrichs daran beteiligt hatten.

Teil 3

"Wie Parzival seinen Lehrmeister Gurnemanz findet und wahre Rittertugenden lernt."

"Den Parzival hat seiner Zeit schon Wolfram von Eschenbach geschrieben. Man darf annehmen das er mit diesem Werk gegen Ende des zwölften Jahrhunderts begonnen hat und es im ersten Jahrzehnt des dreizehnten Jahrhunderts vollendet hat. Bedenkt man dabei das Wolfram den Parzival vom Stoff nach nicht selbst erfunden hat, so ist dies Werk noch um einiges älter. Liegen seine Quellen, die er benützt hat, nicht durchweg klar zu Tage, so werden doch in diesem Zusammenhang dabei immer zwei

Namen erwähnt wie zum Beispiel den Franzosen "Ehretien de Trones". Und Wolfram selbst nennt des Öfteren den Namen "Knot"(4*). Es ist also eine Dichtung, die wohl schon einige Zeit vor dem Ende des zwölften Jahrhunderts den Menschen zur Verfügung stand und somit natürlich Einfluss auf die Vorstellungen und den Zielen eines Ritters nahm.

(Bild 10)

Wolfram von Eschenbach (ca. 1170-1220)

Dort wird geschrieben wie Gurnemanz, Parzival zu Tisch geleitete, dass sie beide aus einer Schüssel aßen und sich gemeinsam einen Trinkbecher teilten. Das hätte man damals selbstredend nicht getan, außer aus einer Notsituation heraus. Dies dient uns lediglich als ein Sinnbild für die wirklich enge Freundschaft der Beiden zueinander. Last uns einen kurzen Auszug aus der Geschichte lesen. Dann - so heißt es - fing Gurnemanz an, seinen Schützling zu unterweisen:

„Nicht allein Kraft, Mut und Geschicklichkeit im Zweikampf machen den waren Ritter aus, sondern vor allem wahre Sitten und Tugenden des Herzens. Drum höre, was ich dir nun sage. Meide böse Taten und sei niemals schamlos, den was nützt dir die Schönheit deines Leibes, solange dein Gemüt voll unedler Empfindungen ist. Versage nie einem Armen deine Hilfe. Wo du Not siehst, lindere sie und las keinen Bettler ohne eine Gabe von deiner Schwelle. Lerne in allem das rechte Maß zu halten. Deshalb sollst du auch den besiegten Gegner, der sich dir ergibt, steht's das Leben schenken. Es bringt dir wenig Ehre einen Wehrlosen zu töten. Auch frage nicht zu viel (denken wir an das rechte Maß).

Ferner sollst du aufmerksam sein, denn es gibt viel zu lernen. Schließlich merke dir, dass man sich nach jedem Waffengang den Eisenruß der Rüstung abwäscht, darauf achten edle Frauen.

Gewinnst du eines Tages die Liebe einer Frau, so halte Hochzeit mit ihr und bewahre ihr stets die Treue. Untreue und Lügen bringen einem Ritter nur Schande.

Übst du aber Treue in allen Dingen, so ist dir der
Lohn des Himmels gewiss".
Das waren die Lehren die Gurnemanz seinem Zögling
erteilte. (5*) Treffend nieder geschrieben, so finde ich !!!

Parzival war es also geheißen, sich nach jedem
Waffengang zu reinigen. Warum? Ist es nicht die
allgemein vorherrschende Meinung, dass der Ritter
gar übelst gerochen haben musste, und sich vielleicht
gerade mal an den Feiertagen gewaschen habe?

"Beispiele der Ritterlichkeit"

Was Tapferkeit und Mut anbelangt, so können wir
selbst aus den Berichten über geführte Schlachten
erkennen, was Ritterlichkeit alles beinhaltete. "Selbst
bei einer bevorstehenden Schlacht gab es gewisse
Spielregeln die einzuhalten man sich sehr bemühte.
Wer sie missachtete, verlor vielleicht nicht die
Schlacht, aber mit Sicherheit eine Menge Ansehen bei
seinen adligen Zeitgenossen.
Schräge Schlachtlinien, Reserven aus dem Hinterhalt,
Zangenangriff - das hat noch nie Germanischen
Auffassungen entsprochen". Der beste Kampf für
einen Ritter war im Idealfall der Zweikampf. Ritter
gegen Ritter, Heerführer gegen Heerführer, Mann
gegen Mann.

Oft suchten sich die Heerführer einander gar auf dem Schlachtfeld, um sich ein Duell auf Leben und Tot zu liefern. Mit dem Tod des Verlierers war zumeist dann auch die Schlacht entschieden" (9*).

"Auch sei erwähnt, dass der Einsatz einer Armbrust, einer offensichtlich „heimtückischen Waffe", als unritterlich galt, und zwar deshalb, weil sie den Meuchelmord aus einem Versteck heraus ermöglichte. 1139 wurde der Gebrauch der Armbrust dann sogar mit dem Kirchenbann belegt". (10*) Gegen christliche Ritter durfte sie ab dieser Zeit nicht mehr eingesetzt werden.

"Das das Wort „ritterlich" nicht nur ein hohles Adjektiv war, mag zudem eins von vielen Beispielen verdeutlichen. Nehmen wir „Graf Balduin den I von Boulogne" der bei der Eroberung Jerusalems schon dabei war. Seine Aufgabe bestand darin die Karawanenstraßen im Heiligen Land vor räuberischen Beduinenstämmen zu sichern. Als er mit seinen Mannen gegen ein weiteres Dorf, aus dem Übergriffe vermutet wurden vorging, ereignete sich folgendes.

In diesem Dorf fanden seine Männer die hochschwangere Frau eines Beduinenscheichs. Ihr erbarmungswürdiger Zustand rührte sein hartes Kriegerherz. Er versorgte sie mit Nahrungsmitteln und Wasser und beließ ihr nicht nur ihre Dienerinnen, sondern schenkte ihr darüber hinaus noch zwei Kamele. Ein Jahr sollte vergehen bis sich das Glück Balduins, zu der Seite der Sarazenen hin wandelte. Balduin saß mit dem ihm verbliebenen 500 Rittern in einem Turm in der Stadt Ramleh fest. Es erwartete ihn und den seinen der sichere Tod.

Bis sich ein Sarazene durch die Reihen wagte und zu ihm vordringen konnte. Er gab sich als eben jener Scheich zu erkennen, dessen Frau Balduin vor Jahresfrist verschont hatte. Er sagte ihm, dass er noch in dieser Nacht fliehen müsse da der Angriff im Morgengrauen erfolgen würde und Balduin entkam in dieser Nacht tatsächlich".(11*) Ein schöner Beweis dafür, dass Ritterlichkeit sehr wohl auf beiden Seiten geübt und geschätzt wurde.

Und hier ein weiterer Beweis der Ritterlichkeit. Diesmal zwischen den bekannten Königen Richard Löwenherz und seinem berühmten Gegenüber Sultan Saladin. Von einem Gefecht ihrer beiden Heere anno Domini 5.August 1192 zur Zeit des dritten Kreuzzuges.

(Bild 11)

In diesem Gefecht bricht Richards Pferd, von Pfeilen getroffen, unter ihm zusammen. Als der Sultan dies gewahrt, lässt er dem König mitten durch das Getümmel hindurch zwei frische Pferde schicken" (12*).

Kurios ?   Nein, ritterlich!!!

Und gleich noch einen Beweis hernach:

"Als „Richard" vor Akkon lag, erkrankte er so heftig, dass seine Begleiter um sein Leben fürchteten. In ihrer Not sandten sie Botschafter an des Sultans Sohn Malik mit der Bitte, ob er nicht etwas Hühnerfleisch für die *Jagdfalken* des Königs übrighabe, die unter der Anreise doch sehr gelitten hätten. Man würde dem Sultan auch einige Falken schenken, wenn sie sich wieder erholt hätten. War die Bitte an einen Gegner, den man zur gleichen Zeit erbittert bekämpfte schon völlig unverständlich, so war die Handlungsweise des Sarazenen geradezu unglaublich. Der Sultan schickte das Hühnerfleisch mit der trockenen Bemerkung, der König solle es sich schmecken lassen und wenn notwendig, könne er noch mehr davon haben (12*)

Kurios?   Nein, ritterlich!!!

(Bild 13)

(Gemälde v. Philip Loutherbourg; Schlacht zwischen Richard und Saladin)

Nach all dem nun Gelesenen beachte man Folgendes:
Dass es hier nicht um die Glorifizierung des Krieges geht !!!

Es geht lediglich darum, die Tugenden durch Beweise und deren Einhaltung selbst unter schwierigsten Bedingungen hervorzuheben und zu zeigen, dass es eben keine „Haudrauf-Kultur" war !!!

Gewiss gab es dennoch viele, die sich nicht daranhielten. Doch diese wollen wir auch gar nicht darstellen !!!

Die Zeit der Kreuzzüge war eine harte Zeit. Selbstredend wissen wir auch von vielen Gräueltaten zu berichten, doch geht es in diesem Buch, wie bereits erwähnt, insbesondere um Tugenden und die gab es auch zu diesen Zeiten zur genüge. Viele Personen verurteilen die Kreuzzüge mit dem Argument, dass man niemandem seine Religion aufzwingen sollte. Damit haben sie vollkommen Recht!!! Jedoch ist es nicht gerade weitsichtig, die Menschen jener Zeit so schnell zu verurteilen. Es waren viele zusammenlaufende Umstände, die letztlich zu den Kreuzzügen führten. Daher sollten wir auch dieses Thema kurz ansprechen.

Das Abendland anno 1095. Erster Kreuzzug ins verheißene Land.

Es war:

Eine Welt im Umbruch

Die mittelalterliche Welt war am Vorabend der Kreuzzüge in einem dramatischen Umbruch begriffen. Existenzielle Sorgen bedrückten den Ritterstand und nicht nur diesen. Heutige Forscher stellten ab 850 n. Chr. zunehmend Engpässe bei der Versorgung der Bevölkerung fest. Um das Jahr 1000 gab es in Europa rund 38,5 Millionen Menschen. Um 1200 waren es bereits über 60 Millionen. Der Nahrungsbedarf stieg enorm an. Doch immer wieder meldeten die Chroniken Missernten. Im Gegenzug nahmen die Perioden der Hungersnot immer mehr zu. Trotz der Errungenschaften in der Landwirtschaft durch den hölzernen Dreschflegel, neue Anspannsysteme für Pferde und Ochsen, die Einführung des eisernen Räderpfluges und der Dreifelderwirtschaft, breitete sich die chronische Nahrungsmittelknappheit dennoch immer öfter aus. Der Getreide-ertrag je Hektar lag mit sechs bis sieben Doppelzentnern im späten Mittelalter nicht sonderlich höher als zur Zeit Karls des Großen.

Die Grundherren waren zudem an der Aufrechterhaltung ihres Lebensstandards interessiert. Die Formel war augenscheinlich einfach.

Je mehr Landbesitz ein Burgherr hatte, desto mehr Abgaben konnte er erwarten. Landbesitz bedeutete Existenzsicherung. Aber die Zersplitterung von Land und Boden griff weiter und weiter um sich, vor allem durch Erbschaften. Die Teilung des Besitzes unter allen Erben war seit der Zeit der Karolinger Brauch. Die Primogenitur wurde eingeführt, dass Erbrecht des Erstgeborenen. So blieb den Nachgeborenen allerdings nur noch der Kriegsdienst oder die Mönchskutte übrig. Es kam was kommen musste, Fehden griffen um sich. Dem entgegen rief die Kirche den *Treuga Dei*, den Gottes Frieden aus. Im 10 Jahrhundert in Frankreich entstanden, breitete er sich in vielen Teilen des Abendlandes aus.   Doch was tun?

Der Zug ins Heilige Land war eine Alternative;

Wenn also viele Ritter, die auf kein Erbe mehr hoffen konnten, ins Heilige Land zogen, so waren zwar nicht alle Probleme, aber dennoch viele Probleme Europas gelöst. Die Kreuzzüge wurden quasi zu einem Ventil für die gesellschaftlichen und wirtschaftlichen Konflikte.

Was man hierbei nicht vergessen darf, ist die Tatsache, dass hierbei auch die Städte ihre Rolle spielten. Es florierten die Kaufmannsgilden und Handwerkszünfte, darunter viele Waffenschmiede und Hufschmiede. Nägel wurden noch immer in Handarbeit gefertigt und man brauchte Zehntausende davon. Fuhrwerke wurden in Massen benötigt und mussten instandgehalten werden. So konnten sich im Umfeld der Kreuzzüge viele

Menschen ein Einkommen sichern. Behalten wir dies kurz im Hinterkopf und wenden wir unseren Blick zur Vervollständigung gen Osten.

Hier war Konstantinopel das Rom des Ostens und hier traf die Ritterschaft auf die Seldschuken die dem dortigen christlichen Kaiser 1071 eine vernichtende Niederlage zugefügt. Auch wenn ihre Herrschaft zwar schon wieder im Zerfall begriffen war, so blieb die Bedrohung durch sie für das christliche Rom des Ostens weiterhin real. Dem hinzu Endstand eine neue Bedrohung.

Andere Meldungen aus Spanien waren zu hören. Hier drangen die von Nordafrika eingedrungenen Mauren ins christliche Spanien ein. Ein Motor der Bewegung hin zu den Kreuzzügen war zum einen die Tatsache, dass es den Kreuzrittern mehr und mehr gelang die Mauren zurückzudrängen. Als dann auch noch Toledo 1085 endlich wieder in christliche Hände kam, waren das motivierende Nachrichten. Man war vielerorts überzeugt davon, dass das Christentum militärisch überlegen und auf dem Vormarsch war" (13/1*). "Der eigentliche Auslöser für die Kreuzzüge war dann schlussendlich, die Bedrohung des Byzantinischen Reiches durch die Seldschuken. Konstantinopel oder jetzt "Byzants", war inzwischen den Expansionsbestrebungen der Türken machtlos ausgeliefert.

Der oströmische Kaiser Alexios I. sah keine Möglichkeit mehr ihrer Angriffe Herr zu werden. Lies man vorher noch alle Gläubigen nach Jerusalem einreisen, so wurde es nun zunehmend unsicherer diese Reise anzutreten. Die Nachricht von Überfällen auf christliche Pilger häuften sich und Alexios stand dem fast machtlos gegenüber". (13/2*)

Alexios bat Rom um Unterstützung, um Beistand und Rom reagierte mit der ersten bewaffneten Pilgerfahrt, wie man den ersten Kreuzzug damals nannte. Kaiser Alexios beschloss Papst Urban II um militärische Unterstützung zu bitten. Papst Urban hingegen sah hier eine Möglichkeit die Kirche des Ostens unter seinen Einfluss zu bringen, um so ein vereintes mächtigeres Christentum zu schaffen. Der christliche Ritterorden der Templer sah hierbei seine zukünftige Bestimmung, der Sicherung der reisenden Pilger nach Jerusalem.

Auch die beiden etwas später gegründeten Ritterorden wie der Johanniter und der Deutsche Orden (neben diversen anderen) hatten hierbei sowohl die humanitäre Hospitale Aufgabe im Auge, aber eben auch kämpfende Einheiten gegen die Sarazenen zu stellen.

Jedoch wollen wir hier nicht vergessen, dass es gerade einer der Ritterorden war der durch das Fehlverhalten einiger wenigen das Fass zum überlaufen brachte. Genannt sei hier der Templer Rainald von Chatillon der immer wieder Karawanen unbegründet angreifen lies und dabei nicht davor zurückschreckte eine der Schwestern Saladins gefangen zu nehmen.

Ein wohl endscheidender Punkt für Saladin nun endgültig gegen Jerusalem vorzugehen. Die für die Christen verlorene Schlacht an den Hörnern von Hattim (1187) war zugleich auch der Wendepunkt jener Zeit. Die Christen verloren Stadt um Stadt und mussten sich letztendlich geschlagen geben. Ausgenommen einiger Küstenstädte die durch Verhandlungen zwischen Friedrich II und Saladin beim fünftem

Kreuzzug 1228–1229 für weitere 10 Jahre in denen Waffenstillstand vereinbart wurde, in christlicher Hand blieben durften. "Leider wurden die Kreuzzüge schnell zur reinen Machtpolitik genutzt.

Als erster versprach Papst Urban in Clermont allen, die den Ruf, das Kreuz zu nehmen folge leisteten, dass ihnen die sofortige Vergebung der Sünden zuteilwerden würde, wenn sie auf dem Marsch, bei der Überfahrt, oder im Kampf gegen die Heiden die Fesseln ihres Erdenlebens ablegen sollten!" (13/2*)

Hier kommen wir zu einem weiteren ausschlaggebenden Punkt warum die Menschen bereit waren auf den Kreuzzug zu gehen.

Höllenängste und die Sehnsucht nach dem Paradies.

Die meisten Menschen damals waren wirklich gläubig. "Sie litten unter dem Bewusstsein eines sündhaften Lebenswandels und der Vorstellung, was sie nach ihrem Tod erwarten würde.

Eine Pilgerfahrt mit dem Segen der Kirche aber bedeutet nun den Erlass der Bußstrafen, die Vergebung der Sünden und somit einen gewaltigen Pluspunkt beim jüngsten Gericht. Also auf nach Jerusalem!!! " (13/2*)

Viele von denen, die loszogen gingen wirklich aus religiösen Beweggründen, aber auch aus Unwissenheit. Sie dachten wirklich, dass Gott ihr Handeln für richtig hielt. Ist es nicht vielleicht sogar richtig, wenn uns jemand um Hilfe bittet, wenn er bedrängt wird und man ihm dann Hilfe zu teil werden lässt?

Wenn wir um Hilfe rufen würden und man uns durchaus auch helfen könnte, aber niemand darauf reagierte, wie würden wir das denn empfinden?

Vielleicht hilft uns das ein bisschen zu erkennen, dass es eben nicht *nur* darum ging anderen eine Religion aufzuzwingen (der Gedanke das die eigene natürlich die einzig wahre sei, haben hingegen alle Religionen eh gemeinsam), sondern dass es viele Faktoren waren, die dazu beitrugen, dass die Kreuzzüge stattfanden.

Das Besprochene noch mal im Überblick:

1) Existenzielle Ängste und Engpässe bei der Versorgung der Bevölkerung.

2) Die Bedrohten Byzants durch Seldschuken/ Türken.

3) Überfälle auf christliche Pilger sind an der Tagesordnung.

4) Papst Urban sieht die Gelegenheit die Kirche des Ostens unter seinen Einfluss zu bringen.

5) Die Angst der Menschen vor der Bestrafung ihres Sündigen Lebens und die Sehnsucht nach dem Paradies durch Vergebung ihrer Sünden.

Es war- wie das Thema zeigt; "eine Welt im Umbruch".

Zu guter Letzt möchte ich noch an eines erinnern: Der Codex, dem sich viele Ritter verpflichtet fühlten oder zumindest verpflichtet fühlen sollten, lautete wie folgt:

„Ein Ritter gelobt die ewige Tapferkeit,
sein Herz kennt nur die Tugend,
sein Schwert verteidigt die Hilflosen,
seine Macht unterstützt den Schwachen,
sein Mund spricht nur die Wahrheit,
sein Zorn zerschlägt den Bösen".

Anwendungen der Tugenden

Der Wortlaut des Codex bestätigt die Werte des hier beschriebenen in seiner ganzen Bedeutung. Versuchen wir doch mal diese Werte in unsere heutige Zeit umzusetzen.

So könnte "Mann" sich zum Beispiel dahingehend üben, einer Frau die Tür zu öffnen, beziehungsweise offen zu halten. Oder ihr beim Tragen schwerer Gegenstände behilflich zu sein. Warum nicht einer Dame (älter oder nicht), die offensichtlich denselben Weg zu gehen gedenkt wie wir, beim Tragen der Einkaufstaschen zu helfen? Werden wir es gewahr, dass eine Frau sich anschickt, schwere Wasserkästen ins Auto zu heben, könnten wir gern auch hier unsere Hilfe anbieten. Haben wir das Vorrecht erworben mit einer Frau essen zu gehen, so warten wir respektvoll, bis sie zuerst Platz genommen hat. Selbstredend erheben wir uns oder deuten es zumindest kurz an, wenn sie den Tisch zu verlassen gedenkt.

Sitzen wir allein an einem Tisch und eine Frau schickt sich an, an demselben Tisch Platz zu nehmen, könnten wir uns zum Beispiel kurz erheben.

(Bild 14)

(Die Brunwart-Miniatur des Codex Manesse um 1300. Johannes Brunwart war Ritter, Minnesänger und Schultheiß von Neuenburg. Hier wohl gerade beim Werben einer Edeldame).

Das Haupt zur Begrüßung zu neigen / ihr beim Durchschreiten einer Tür den Vortritt zu geben, eben sich bemühend „vollendet Höfisch" zu sein – um uns an die Eingangs erwähnten Worte des Kaisers Friedrich Barbarossas zu erinnern.

Ehrlichkeit nicht nur in seiner Beziehung, sondern auch am Arbeitsplatz umzusetzen wäre ein weiterer Punkt.
Ich erinnere mich da an zwei Begebenheiten, die allerdings auch zeigen, wie weit sich die menschliche Gesellschaft ganz allgemein bereits von solchen Tugenden fortbewegt hat. Bei einer Gelegenheit wurde ich einmal von einer Frau etwas forsch angegangen, als ich ihr die Tür aufhielt, damit sie zuerst hindurch gehen konnte.
Sie sagte, dass sie *emanzipiert* wäre und sie die Tür durchaus auch allein hätte, öffnen können.
Leider hat sie es nicht wirklich verstanden, dass es hier um die Geste als solches ging und nicht darum, dass sie das nicht auch allein hätte tun können.

Bedauerlich !

Ein anderes Beispiel:
Ein Arbeitskollege, mein Chef und ich selbst standen zusammen und scherzten ein wenig herum, als es um das Thema Betriebsblindheit ging, wenn man seit vielen Jahren ohne Beanstandungen ein und dieselbe Arbeit verrichtet. Es geht einem in Fleisch und Blut über, wie man so schön sagt.
Als Beispiel dafür erwähnte ich in der Runde das mir auch so ein Fehler letztens untergekommen war. Wie das gelegentlich so ist, wurde in der Zusammenstellung meiner Arbeit jetzt ein Schritt zusätzlich vorgegeben.

Nichts Gravierendes nein, aber ich habe diesen zusätzlichen Schritt eben übersehen und meine Arbeit so erledigt wie ich es gewohnt war.

„Raimund ! Sowas gibt man doch nicht freiwillig zu wenn der Chef neben einen steht ! Das kann man doch nicht machen !", meinte mein Kollege.
Wir lachten alle drei nach seinem Einwand.
„Warum den nicht?", meinte mein Chef. *„Er ist wenigstens Erlich und gibt auch mal einen Fehler zu".*

Damit möchte ich mich aber nicht selbst loben! Wirklich nicht. Frühere Berichte zufolge heißt es, dass der Mensch 200-mal pro Tag lügen würde. Mittlerweile weiß man das dies so nicht stimmen kann. Erneute Untersuchungen sagen hingegen: "Es ist eine Tatsache, dass der Mensch ein bis zweimal pro Tag lügt, beziehungsweise die Unwahrheit spricht, so der durch Forschungen mehrfach bestätigte Befund. Häufiger dagegen würde der Mensch Schwindeln oder schummeln" (13.2A) Ich denke das ist ein ganz guter Schnitt. Auch wenn die Wahrheit wie so oft, wahrscheinlich irgendwo dazwischen liegen dürfte. Auf jeden Fall sollte man sich bemühen es nicht noch zusätzlich dazu kommen zu lassen. So werden wir treffend in der Bibel (die zu verteidigen ja eine der Tugenden des Ritters ist) dazu aufgefordert:
<u>„In Ehrerbietung komme einer dem anderen zuvor".</u>

(Römer 12:10)

Auch zwei weitere Texte sein hierzu angeführt:
<u>„Lasst euch nicht als Führer anreden; denn einer ist euer Führer, der Christus.</u>

Der größte unter euch soll euer Diener sein. Wer sich selbst erhöht, wird erniedrigt und wer sich selbst erniedrigt, wird erhöht werden". (Matthäus 23: 10-12)

Einige Verse zuvor bringt Matthäus es ein wenig anders zum Ausdruck:

„.... sondern wer groß sein will unter euch, der sei euer Diener, und wer der Erste sein will unter euch,
der sei euer Knecht." (Matthäus 20: 26/ 27)

Der Glaube war in den Menschen jener Zeit weitaus tiefer verwurzelt als es heutzutage der Fall ist. Wahrscheinlich spielte diese Tatsache auch eine Rolle dabei, dass der erste christliche Herrscher Gottfried von Bouillon nach der Einnahme Jerusalems sich nicht den Titel "König von Jerusalem" hat geben lassen, "nicht dort, wo Jesus getötet wurde, werde ich mir diesen Titel geben", so soll er gesagt haben. Und das in einer Zeit wo man sich gerne und viele Titel gab, um sich wichtiger zu machen.

Er nannte sich lieber Beschützer des heiligen Grabes.

In der Geschichte wurde er später zusammen mit König Artus und Karl dem Großen in einem Atemzug genannt und wurde in die Liste der neuen guten Helden aufgenommen, in der christliche, jüdische und heidnische Ritter gleichermaßen aufgeführt sind. (Siehe Seite 101)

Demnach sollten wir nicht höher von uns denken, als zu denken nötig ist. Daraus erschließt sich deutlich, dass die Grundsätze der Bibel und die eines wirklichen Ritters gar nicht so weit voneinander entfernt liegen. Denn den Glauben vor jedermann zu verteidigen der im Begriff ist in anzugreifen, - und des Ritters bester Kampf, Mann gegen Mann,

Gottfried von Bouillon in einem Fresko der Burg Manta, um 1420

ob mit dem Schwert oder mit dem Wort, das alles sollte, zusammenspielen. So hoffe ich nun, dass ich einigen von euch meine Vorstellungen eines höfischen Ritters näherbringen konnte. Wie bereits gesagt, kann niemand diese hohen Ziele in all seiner Vollkommenheit erreichen, doch das Arbeiten an den Tugenden sollte uns allen denke ich, am Herzen liegen.

Ein Wort noch für uns Darsteller heute.
Diejenigen von uns die auf den verschiedensten Märkten gerne und oft lagern, wird folgendes nicht fremd sein. Nicht nur mir fiel es auf, dass man des

Öfteren sehen kann, dass schon des Abends und erst recht in der Nacht, immer mehr, sagen wir mal, Betrunkene über die Märkte schlendern. Gab es diese Szenen auch damals? Zogen die Herren Ritter trunken und krakeelend über den Platz? Natürlich ist das nicht auszuschließen und wird wohl auch damals schon so gewesen sein. Doch geht es hier ja nun mal um die Tugenden, nach denen wir uns richten wollen. Ziehen wir dafür zur Antwort noch mal das große Fest von Pfingsten 1184 von Kaisers Friedrich I zu Rate.

In diesem Bericht hieß es sinngemäß, dass sich die Gäste des Abends noch beim Spazieren gehen an der Maaraue vergnügten. Und als die Feuer in den Körben und die aufgestellten Fackeln herniedergebrannt waren, so ging man in seinem Zelt

oder in seiner Unterkunft zu Bett. Nur noch die Armen und die Hunde, *so steht's im Bericht*, stöberten wohl noch in der Dunkelheit nach Essbarem.

Bevor wir uns jetzt abschließend noch zwei weitere interessante Kapitel kurz ansehen möchten, noch eines vorweg. Wir haben jetzt doch einiges an Tugenden und deren Anwendungen der Ritter diskutiert. Die Frage die man mir bei Lesungen oft gestellt hatte: Wie sieht es den mit den Tugenden für Frauen aus?

Dem endsprechend habe ich folgendes Kapitel hinzugefügt.

Die Tugenden der Frauen

Lassen sie uns zunächst ein Paar Worte zu der sozialen Stellung der Frauen kurz ansprechen um die Tugenden besser einzugruppieren.

Frauen im Frühmittelalter waren zu einer Zeit, in der die Kirche noch nicht ihren Zenit erreicht hatte, freier und geachteter in einer Männerwelt wie in den folgenden Zeiten. Sie hatten Besitztümer, konnten freier unterschiedlichsten Arbeiten nachgehen und waren auch als angesehene und erfolgreiche Kriegerinnen ihr Glück machen.

Als die Kirche mächtiger wurde, verloren sie mehr und mehr diese Freiheiten. Die Menschen des Mittelalters waren stark geprägt von der Kirche Bild. Im Glauben sich ergebend, setzte sich das Bild von der sündhafteren, schwächeren Gestalt der Frau, unter dem Manne immer weiter durch.

Ab dem 12. Jahrhundert jedoch fand in der Kirche ein Umdenken statt. Die Marienverehrung stieg auf und mit ihr die Stellung der Frau. Fast einer Verehrung gleich wie sie Gott selbst gebührt, wurde immer mehr Maria zuteil. Während Jesus die Stelle, die ihm die Kirche als strengen Richter zuweist übernimmt und der Lehre gemäß allen Sündern gemäß ihren Taten vergilt, so repräsentiert Maria die liebevolle und vergebende Person. Sie nimmt sich den Gebeten der Menschen an. Sie hilft und spendet Trost auf einer milden und liebevollen Art und Weise.

Maria ist der Inbegriff für eine liebevolle und sorgende Mutter. Sie zeigt dabei asketische und reale Tugenden wie Reinheit und Keuschheit einerseits und andererseits Mütterlichkeit und selbstlose Hilfsbereitschaft. Sie übernahm ein Vorbildcharakter für Frauen aller Gesellschaftsschichten.

Was den sozialen Rang einer Frau der mittelalterlichen Gesellschaft anbelangt, so kann man sagen, dass er zum großen Teil vom Familienstand abhängig war. Zur Unterscheidung galten zwei Gruppierungen.

Mit der ersten seien zunächst Mädchen, Jungfrauen und Unverheiratete genannt. Als ein unmissverständliches äußerliches Kennzeichen trug diese erste Gruppe ihr Haar offen bzw. unverschleiert. Eventuell trugen sie als Schmuck einen Ring oder Kranz auf ihrem Haupt. Sie standen unter der Aufsicht ihres Vaters und selbst wenn ihre Eltern nicht mehr am Leben waren, übernahm diese Verantwortung ein Verwandter der Familie.

Die zweite der Gruppierungen bestand aus Verheirateten und Müttern. Diese bedeckten ihr Haupt entweder mit einem Schleier, einem Gebende oder einem Schapel. Wodurch sie als ehrbare Frauen erkennbar waren.

Hier schließt sich wieder der Kreis, der mit der Erhebung der Maria im 12 Jahrhundert seinen Anfang nahm. Es ist nicht weit hergeholt, wenn man mutmaßt, dass Maria hier als Vorbild steht. Und so wie die Haube ein Zeichen für die Bindung Marias an ihren Herrn Jesus Christus war, so war sie auch ein Zeichen, ein äußeres Merkmal einer verheirateten Frau, das sie ebenso an ihren Ehemann gebunden war.

Nicht minder die Damen im Kloster, selbst wenn die meisten von ihnen nie mit einem Mann verheiratet waren. Die Kopfbedeckung zeichnet somit die verheiratete Frau als einen ehrenhaften Stand aus. Wie wichtig das für sie war zeigt sich bei dem Verbot für Frauen die bereits voreheliche Beziehungen eingegangen waren. Selbst wenn sie vielleicht später heirateten, war es unter Strafe verboten, den Kopfschmuck einer ehrbaren Frau zu tragen.

Was nun die Tugenden und Aufgaben der Frauen (die Vrouwe) betrifft, so kann man sagen das sie viel Aufmerksamkeit und Wert darauf legten.

Gleich den Männern (Rittern) waren es drei Richtungen, von denen die Tugenden gelehrt oder vorgegeben wurden. Als erstes sei hier die Kirche erwähnt, zum anderen die Führer jener Zeit und als dritter im Bunde die Gesellschaft selbst. Nicht immer waren diese drei Konform untereinander, aber eben richtungsweisend und die Menschen nahmen diese Werte, diese Tugenden als Ordnung auf. Je nachdem ob man diese Werte eben einhielt oder nicht, stieg oder fiel man in der Gunst und im Ansehen seiner Mitmenschen.

In unserer heutigen Zeit möchte jemand meinen, dass es auch nicht mehr relevant ist, im Ansehen anderer gut dazustehen. Doch damals war dies sogar überlebenswichtig. Hatte man einen schlechten Ruf, war es sehr schwer andernorts eine neue Arbeit zu bekommen. Man wollte mit Menschen, die gegen das soziale Verstoßen nicht mehr viel zu tun haben. Man konnte gar geächtet und verstoßen werden, was viele dazu veranlasste, den Wald als Unterschlupf nehmen zu müssen und von der Räuberei eher schlecht als recht zu leben. Soziale Bindungen waren viel enger als heute.

Selbstverständlich waren die Tugenden der Frauen nicht auf Kampf ausgerichtet, aber ebenso auf Barmherzigkeit, Mitgefühl und Treue. Leider hat die Geschichte weit weniger über Beispiele der Frauen Tugend festgehalten als bei den Männern (Ritter).
Es wird heute viel über die Stellung der Vrouwen diskutiert und geschrieben, doch im speziellen Einhalten der Tugenden findet sich wenig. Immerhin haben wir jedoch wie bei den Rittern eine Aufzählung derer und die möchten wir Euch nicht vorenthalten. Als da wären:

"Keuschheit, Geduld, Demut, Genügsamkeit, Mäßigkeit, Liebenswürdigkeit, Mitgefühl, Frohmut, Barmherzigkeit und Treue".

Nimmt man diese alle zusammen ergibt sich daraus ein zarteres, weicheres, ein liebevolleres Wesen als bei dem Mann. Dies darf man keinesfalls mit Schwäche gleichsetzen. Ganz im Gegenteil! Es ist wirkliche Stärke eben nicht gleich den Streit und die Konfrontation zu suchen. (Meinen aufrichtigen Respekt dem weiblichen Wesen gegenüber).

Eines der wenigen und seltenen Beispiele, wie Tugenden von Frauen gelebt wurden, ist die von der in Frankreich geborene (1311 - 1369) *Philippa von Hennegau.*

Beispiel 1

Sie heiratete 1329 a.D. Edward III., den König von England und Wales. Ihr Ehemann, eben jener selbst, eroberte 1347 im hundertjährigen Krieg zwischen Frankreich und England die Stadt Calais. Um eindeutig als neuer Herrscher seine Macht zu demonstrieren und unmissverständlich zu zeigen, dass er keinen Widerspruch duldet, befahl er die Hinrichtung von mehreren einflussreichen Bürgern Calais. Wohl auch, um jedweden und künftigen Widerstand im Keim zu ersticken.

Gemäß den Überlieferungen hatte die zu derzeit schwangere Philippa von dem Vorhaben ihres Mannes erfahren. Gemäß ihrer offensichtlichen liebevollen Herzenseinstellung, welche mit Sicherheit auch der Summe der weiblichen Tugenden zuzuschreiben ist, bekam sie wirkliches Mitleid mit den Verurteilten. Sie suchte daraufhin das Gespräch mit ihrem Ehemann und zwar völligst unbeeindruckt gegenüber von vielen ihrer Zeitgenossen, dass Frauen, wie oben bereits erwähnt, keine Verständigkeit in politischen Angelegenheiten besäßen. Sie war in ihrem Gespräch mit Edward so überzeugend, dass er Ihr die Befehlsgewalt über die im Grunde schon verurteilten übertragen hatte, worauf sie die genannten frei ließ.

Ein wirklich einschneidendes und gutes Beispiel gelebter (Mitleid) Tugenden, die sie offensichtlich in ihrem Herzen verankert hatte.

Beispiel 2

Nicht nur die Herren Ritter, auch die Damen der Kreuzritter wussten, was sie ihrem Stande schuldig waren. *Stephanie von Chatillon* war es, die Saladin bei dessen Rückeroberung von Jerusalem in die Hände fiel. Sie warf sich dem Sultan zu Füßen und bot ihm die Übergabe ihrer nahezu unbezwingbaren Kreuzritterfestung Kerak an, wenn Saladin ihren kleinen Sohn freilasse, den er seit der Schlacht von Hattim als Geisel verwahrte.

Der für seine Philanthropie bekannte, gerührte Sultan gab der verzweifelten Mutter ihr Kind zurück. Kerak bekam er allerdings nicht, denn die Besatzung hielt sich nicht an das Versprechen der Gräfin.

So unglaublich das auch klingen mag: Als Stephanie davon hörte, brachte sie ihr Kind zurück und sagte weinend, da sie ihr Versprechen nicht habe halten können, sei das Abkommen auch für Saladin null und nichtig. Und wieder bewies Saladin Ritterlichkeit und sagte der untröstlichen Mutter, sie werde ihr Kind zurückbekommen, sobald er Kerak erobert habe. Leider gibt es keine weiteren Aufzeichnungen darüber, ob Saladin das Kind wirklich zurückgab. Doch gehörte er zu den wenigen Herrschern jener Zeit, auf dessen Wort sich Freund und Feind verlassen konnten" (13*). Ich habe hier das Wort „wenigen" besonders hervorgehoben, um damit anzuzeigen das es selbstredend längst nicht alle waren die sich so ritterlich und tugendhaft verhielten und dennoch sind diese Fakten deutliche Beweise, dass Ritterlichkeit wirklich mehr war, als nur eine romantische Vorstellung.

Und noch ein **drittes Beispiel** möchte ich mit der in Italien lebende *Christine de Pizan* (1360-1430) anführen.

Sie war eine der bedeutendsten Schriftstellerinnen des Mittelalters. Sie schaffte es sogar, von ihren Büchern zu leben. In ihrem Buch, das den Titel: "Das Buch von der Stadt der Frauen" trägt, schreibt sie: "Diejenigen, die Frauen aus Missgunst verleumden, sind Kleingeister, denen wohl zahlreiche, ihnen an Klugheit und Vornehmheit überlegenen Frauen begegnet sind. Sie (diese Männer) reagieren darauf mit Schmerz und Unwillen und so hat ihre große

(Bild 15b)
Christine im Gespräch mit männlichen Vertretern verschiedener Stände

Missgunst sie dazu bewogen, allen Frauen Übles nachzusagen." Ihre Handhabung der Tugenden findet sich in eben diesem Buch, wenn man dort liest, dass sie kriegführende Anführer dazu anhält bzw. auffordert, die zivile Bevölkerung zu verschonen, denn diese werden immer unter den Kämpfen zu leiden haben. Das Bestellen der Äcker, die Versorgung der Truppen und dadurch, dass eine große Anzahl ihrer Männer eingezogen werden. Auch das Töten von

Kriegsgefangene prangerte sie an, womit sie eindeutig Mitleid und Fürsorge um ärmere bewies und so ihren Mitmenschen Respekt und Hilfe in Not bewies.

Darüber hinaus berichtet sie von Frauen, deren Tatkraft und Engagement beweisen, dass Frauen als ebenbürtig betrachtet werden sollten. Die Tugend der Gerechtigkeit trieb sie offensichtlich an und war ihr Sinn im Leben.

Bei diesen drei definierteren Beispielen möchten wir die der Äbtissinnen nicht unterschlagen. Klöster waren nicht nur ein religiöser Ort der Stille und des Gebets und der Selbstversorgenden Feldarbeiten. Von hier aus konnte, unabhängig von der Männerwelt, Hilfe gegeben und gefunden werden. Die Damen lernten das Lesen, das Schreiben und das Rechnen. Aber auch die Kunst wie wir sie in der Buchmalerei finden. Alles Dinge, die die meisten Männer außerhalb selbst nicht konnten. So wie die oben erwähnte Christine de Pizan es ausdrückte, waren sie den Männern an Klugheit überlegen und durch gelebte Tugenden an der Vornehmheit. Diese Taten der Tugend drückten sich aus, indem sie Speisen an Bedürftige austeilten und Reisenden wie Bedürftigen Obdach und medizinische Versorgung angedeihen ließen. Auch suchte man die Äbtissinnen bei Rechtsstreitigkeiten auf, die oftmals große Ländereien verwalteten, in denen sie wohnten. Und dafür wurden sie von allen geschätzt und geachtet. Sie, die Äbtissin als auch ihr Convent konnten sich oft freier entfalten als jene, die kein Klosterleben führten. All dies war für die Menschen im Land gut sichtbar.

Fazit:

Diese genannten Beispiele erwähnten jetzt Vrouwen in gehobener Stellung beziehungsweise Schichten. Sie waren damals die "Promis" des Mittelalters. Und so wie unsere Promis heute für viele Menschen als Vorbilder fungieren, so war es auch damals. Ebenso können und sollten die Tugenden der Männer, wie auch die Tugenden der Frauen, heute noch von Bedeutung sein. Tugenden sind für alle Menschen gleich, unabhängig von unserer Stellung oder welchen Platz wir auf Erden auch einnehmen. Von ganz unten bis ganz oben. Machen wir die Welt ein bisschen besser.

Teil 4

"Die Pflege des Körpers"

Betrachten man dieses Bild etwas genauer so wird fällt einem auf, dass man in des Mannes Badewasser sowie auf seiner Haut kleine Blütenblätter sieht. Auch anhand dieses Bildes wird uns gezeigt, dass es hier nicht „allein" um die Reinigung als solches ging.

Man achtete darauf, dass von einem selbst ein angenehmer Duft ausgeht. Mann möchte dem Gegenüber und sich selbst nicht unangenehm auffallen. Schon gar nicht dem anderem Geschlecht gegenüber.

(Bild 16)

Die vorläufige Meinung bei vielen Menschen ist es leider, dass das Mittelalter stehts, sehr schmutzig war. Hilfreich mag es da sein, wenn wir kurz erwähnen, dass das Mittelalter mit der Völkerwanderung (dem Hunnensturm) um das Jahr 375 n. Chr. begann. So hieß es jedenfalls bei mir im Geschichts-Unterricht. Das Ende des Mittelalters ist dagegen nicht so leicht festzulegen. Da werden zumindest drei Daten genannt. Zum ersten das Jahr 1450 durch Johannes Gutenberg und dessen Buchdruck. Zum zweiten 1492 als Amerika entdeckt wurde. Und zum dritten das Jahr 1525 durch die Reformation. Um es etwas einfacher zu halten könnte man sich auf das Jahr 1500 einigen.

Wenn wir nun davon reden oder hören, dass man sich im Mittelalter nicht gewaschen hätte und lieber mit Puder oder Duftstoffen gearbeitet hat, so ist hiermit meist die Zeit der Renaissance gemeint. Einem völlig anderen Zeitalter / Epoche.

Bei einer Führung im Schloss Wilhelmsbad bei Hanau wurde unserer Gruppe berichtet, dass der hiesige Graf, als er sich anschickte wieder einmal längere Zeit auf Reisen zu gehen, seiner Angebeteten ins Ohr flüsterte, sie solle sich doch bitte bis zu seiner Rückkehr nicht mehr waschen, da er auf ihren Duft so stehen würde. Ein sonderlicher Wunsch, den er da wohl hatte, so dünkt mir. Aber es zeigt treffend, dass dieses Gehabe eben *nicht* im Mittelalter gang und gäbe war, sondern sich erst auf die folgende Epoche bezog, auf die Zeit der Renaissance. So gibt es hier nun etwas worüber man nachdenken kann und dass man nicht außer Acht lassen sollte.

Die Menschen im Mittelalter, die im Lande verstreut wohnten oder sich in kleinen Gemeinden zusammengeschlossen hatten, hatten natürlich keine Badewanne in ihren Häusern und Hütten. Das dürfte wohl auf der Hand liegen. Und als die ersten Badehäuser in den Städten Einzug hielten, konnte man auch nicht einfach so mehrmals die Woche dieselben aufsuchen. Doch diese Tatsache kein Beleg dafür sein, dass sich die Menschen gleich überhaupt nicht mehr gebadet haben. Immerhin gab es ja noch Flüsse, Teiche, Seen und der gleichen mehr.

In Klöstern und auf Burgen kannte man hingegen schon sehr früh so genannte Badezuber (siehe Eingangsbild).

Dies war eine Art großes Fass oder Bottich, meist aus einem ausgehöhlten Baumstumpf der als Wanne benutzt wurde und *Stunz* genannt wurde. Und in den germanischen Volksrechten der frühmittelalterlichen Merowingerzeit haben wir dann die ersten Beweise für die Existent ganzer Badehäuser. Wie wichtig oder wertvoll so ein Badehaus angesehen wurde, erfahren wir in der Lex Alemannorum, einer Gesetzesschrift jener Zeit. Sie sieht für Brandstiftung an einem Badehaus sogar dieselbe Strafe vor, wie die Brandstiftung an einem Viehstall.

Immer mehr Aufmerksamkeit erfuhr das Baden gegen Ende des Hochmittelalters. Nun diente es nicht nur der Reinigung, sondern auch der Entspannung. Man traf sich beim Baden zum Plaudern und zum fröhlich sein. In Italien und Frankreich entstanden daraufhin die ersten gewerblichen Badehäuser. Ab 1150 sind sie dann auch in Deutschland nachweisbar. Genannt sein hier Fulda / Köln und zum Ende des 12 Jahrhunderts auch Rostock, Lübeck und Hamburg.

Wieder einmal waren es die Kreuzfahrer, die ihre Erfahrungen aus dem Orient mitbrachten. Die dortigen großen Zuber waren keineswegs schmutzig, selbst wenn man mit mehreren Personen auf einmal darin verweilte, was keine Seltenheit war. Es war Pflicht sich vor dem Einstig mit Wasser und

Seifenlauge zu reinigen. Das Waschen seiner Haare, sowie das Haare schneiden, oder gar die Nagelpflege fanden selbstverständlich nicht darin statt. Und selbst das Schmutzwasser wurde gesondert Abgeleitet" (6*).
"In einem Werk über die Schönheitspflege der Frau, dass aus dem 14 Jh. kommt, heißt es:

Die Dame von Welt solle sich das Gesicht mit warmem Wasser und französischer Seife waschen. Danach mit Kleiewasser reinigen, abtrocknen und anschließend mit Weinsteinöl einreiben. So bleibe ihrer Schönheit lange erhalten". (6a*) Klingt das nicht wie ein Ratschlag aus unserer heutigen Zeit?

Im Zusammenhang damit kommen wir natürlich nicht um den Werdegang der Seife herum. "Die Seife gelangte, wie so vieles andere auch, durch die Kreuzfahrer ins Abendland. Doch schon die Römer kannten sie bereits und die wiederum kannten sie von den Kelten. Der Römische Schreiber Plinius schrieb, dass die Erfinder der Seife die Gallier waren. Dass die Römer sie dann von diesen übernommen haben, lässt sich erst ab dem zweiten Jahrhundert nach Christi belegen. Danach geriet sie, wie so viele gute Errungenschaften der Antike, in Vergessenheit. In der Karolingerzeit tauchte die Seife dann wieder häufiger auf. So zum Beispiel in dem Gesetzestext *Capitulare de villis*. Wo es unter anderem um die Abgaben an den König ging. So sollten in jedem Amtsbezirk genügend fleißige Handwerker aller Arten leben und die Seifensieder wurden stets mit aufgelistet. Sogar an dem Hof Karls des Großen musste zum Beispiel Seife in Stücken als Abgabe an den Thron entrichtet werden.

Dieser Seife, genannt *seipha*, wurden durchaus schon Duftstoffe beigemischt". (6b)

Hier mal nur ein Rezept für Seife:

"Nimm 10 Lot Seife in einem warmen Mörser. Dann nimm 2 Lot gestoßene Veilchenwurzel, dazu Rosen, Majoran und Lavendel. Stoße alles gut durcheinander. Alsdann 12 Gerstenkörner, Rosen und Lavendelwasser und stoße auch dieses gut durcheinander. Danach nimm Gewürzöl, benetze damit deine Hände und forme kleine Kügelchen und lass sie trocknen". (6c*)

Es wurde bewusst bezweckt das dem Körper ein angenehmer Duft umgibt, wie sie den Blütenblättern eigen sind. Folge dessen muss wohl so manch einer seine Meinung auf diesem Gebiet revidieren.

Daher sollte ein jeder überprüfen, wenn er gedenkt an einem Zeltlager teilzunehmen oder einen mittelalterlichen Markt zu besuchen, dass kein übler Geruch von im oder seiner Gewandung ausgeht und dass die selbige nicht speckig wirkt, oder vor Dreck und Schmutz unansehnlich ist. Denn das wäre eines Ritters unwürdig. Schließlich waren Gewänder nicht einfach so an der nächsten Straßenecke in einem Kaufhaus neu zu erwerben. Dasselbe gilt auch für die Pflege und Instandhaltung der Rüstung. In der Hoffnung lebend, dass es niemanden geben mag, der es in seiner Darstellung ganz und gar bewusst darauf anlegt, so negativ aufzufallen.

Teil 5

"Die Eſſgewohnheiten"

Halten wir zunächst einmal fest, dass Fisch und Fleisch, Obst und Gemüse, Eier und Geflügel immer nur Zutaten, keineswegs aber Grundnahrungsmittel darstellten. Das Hauptnahrungsmittel des Mittelalters war auch nicht das Brot, sondern der Brei. Natürlich war es kein edles Weizenmüsli, sondern eine wohl gesunde, aber leider auch unschmackhafte Pampe aus Hafer und Gerste, seltener aus Hirse oder Mischkorn. Wer gut situiert war, konnte zumindest etwas Honig zum Süßen beifügen.

Reinen Weizen gab es zu dieser Zeit so gut wie nicht, was selbstredend nicht heißen mag, dass es ihn gleich überhaupt nicht gegeben hat. Brei ließ sich allerdings auch sehr gut aus Bucheckern, Buchweizen, Maronen oder gestampften Hülsenfrüchten herstellen.

Hier einmal ein kleiner *Auszug* der vorhandenen Speisen. Fleisch und Fisch in all seiner Vielfalt. Vom Kaninchen bis zum Rind, vom kleinen Flusskrebs bis hin zu den großen Fischen der Flüsse und Meere, daneben Öle, Butter, Käse und Korn wie oben beschrieben. "Später, Mitte des 12 Jahrhunderts kam dann noch der Reis hinzu, der bereits im Mittelmeerraum angebaut wurde. Er war zwar nicht sehr geschätzt, da er zu teuer war und lange Transportwege hatte, doch wer es sich allerdings leisten konnte, aß in gern mit Zucker und Zimt die man ja durch die Kreuzzüge in Syrien bereits kennen gelernt hatte. Doch lange Zeit noch benutzten die Menschen hier im Abendland zum süßen weiterhin den Honig". Es gibt bereits eine Fülle von wirklich guten Kochbüchern auf den Markt, die meines Erachtens nach Leckereien aus jener Zeit sehr schön auflisten und erklären. Sie sind aufjedenfall eine Erweiterung unseres Speiseplans. Mal Hand aufs Herz; sind es nicht in der Regel nur eine Handvoll Speisen, die wir in wechselnder Reihenfolge immer wieder auf den Tisch bringen?

Versuchen wir doch einmal unsere Gäste mit folgendem, nicht all zu schwerem Gericht zu überraschen/verwöhnen:

Man nehme frische Erdbeeren in geschlagener Sahne und bestreue diese mit Zucker. Serviere sie auf grünen

Blättern und beträufle sie mit Wassertropfen, als seien sie gleich der Tau an einem Frühlingsmorgen.
Des Weiteren vielleicht ein Eieromelett mit gewürfelten Zwiebeln, Mandeln und Knoblauch.

Na, wie wäre es mit einem Versuch?

"Nehmen wir noch ein Blick der Vollständigkeit halber auf die Gewürze: Auch hier zu Lande gab es wahre Gewürzorgien. Da war Pfeffer gefragt, Muskat, Ingwer, Safran, Nelken- je schärfer, umso besser. Aber auch einheimische (und daher preiswerte) Gewürze gab es in Hülle und Fülle: Liebstöckel, Knoblauch, Fenchel, Sellerie, Bohnenkraut, Minze, Salbei, Petersilie, Kümmel, Kresse und noch viele andere mehr.

Ein Wort noch zum Genussmittel Wein. Er galt seiner Zeit stets als das Getränk der Ritter. Leider war nicht jeder Ritter auch so wohlhabend sich teuren Importwein leisten zu können (was ja leider wohl bis auf den heutigen Tag nicht viel anders geworden ist). Daher blieben viele Adlige lieber beim herkömmlichen Met, der aus vergorenem Honig hergestellt wurde und übrigens herb, wie auch süßlich, kalt wie auch heiß auch heute noch, ein wirklichen Genuss darstellt." (13a*)

Das Getränk der Götter, wie man von alters her schon zu sagen pflegte. Nicht zu vergessen ist auch das Bier, das gern getrunken wurde, es blieb aber hingegen mehr das Getränk des Volkes. Natürlich trank man auch Wasser, doch war es nicht von der Hand zu weisen, dass es häufig verunreinigt und nur mit

Vorsicht zu genießen war. Ein stets beliebtes Mittel potenzieller Feinde war es, dass Wasser zu verunreinigen, um so den Gegner zu schwächen. Daher ließ man Brunnen und Quellen nicht nur zu Kriegszeiten, sondern auch in Friedenszeiten stets gut bewachen.

Kommen wir zum Schluss noch mal kurz zu den oft falsch dargestellten Essgewohnheiten. Es gibt heute zahlreiche Gaststätten, die ein sogenanntes Rittermahl anbieten. Ich selbst habe schon auf den Speisenkarten Gerichte gelesen wie *ein Eimer voll Knochen*. In der Tat bekommt man einen kleinen Eimer, in dem mehrere Knochen zu finden sind, die man dann abnagen kann. Auch das Rülpsen am Tisch ist durchaus erlaubt. Mann sagte mir einmal, dass man in einigen Lokalen die Knochen gar hinter sich werfen könne, doch selbst erlebt habe ich so etwas noch nicht. Gott gelobt.

Man muss sagen, dass bei einem Ritter, der solch hohen Idealen nachzufolgen versuchte wie wir sie zur genüge beschrieben und mit alten Aussagen und Begebenheiten und deren logischen Schlussfolgerungen bewiesen haben, ein solches Benehmen undenkbar gewesen wäre.

Sehen Sie sich doch bitte nochmals das erste Bild zu diesem Kapitel an. Könnte man sich vorstellen dort einen Eimer mit Knochen auf dem Tisch zu sehen? Was würde der Herr; oder die Herrin wohl mit einem solchem Bediensteten machen, der es wagen würde einen solchen Eimer zu servieren?

Ergo = undenkbar !!!

Ganz klar, dass in einer solchen Gaststätte der Spaßfaktor im Vordergrund steht, der dabei auch wirklich gegeben ist, und schmecken tut es ja schließlich auch ganz gut. Nur zu unserem Thema kann es so nicht passen.

Natürlich gab es in den verschiedenen Ländern und unter unterschiedlichen Ständen auch unterschiedliche Sitten und Gebräuche. Und vieles, was damals normal war, würden wir heute als finster bezeichnen. Doch sollte man bei seinen Überlegungen Folgendes nicht vergessen: Nehmen wir zum Beispiel das Besteck. "Es war das Jahr 1075 als die Gabel erstmals in Europa auftauchte. Die Tochter Konstantin des X. war es, die die Gabel erstmals mit nach Venedig brachte. Jedoch konnte sie die Gabel nicht wirklich durchsetzen. Der westeuropäische Klerus hielt sie für ein Instrument verweichlichter Sitten und Teuflischer Verderbtheit. Vielleicht ist dies ein Grund dafür, weshalb es so lange keine Gabeln hier zu Lande gab. Nicht von ungefähr kommt wohl auch das Bild des Teufels, der seine Sünder mit einer zweizinkigen Gabel piekt." (14*)

War man in dieser Zeit zu einem Essen geladen, so hatte man das Besteck zudem selbst mitzubringen. Und dies bestand dann eben nur aus einem Löffel (meist aus Holz) und einem Messer. Faktum, aß man alles, was wir heute mit der Gabel essen, eben mit den Fingern. Oder man stach es mit dem Messer an, um es zum Mund zu führen. Keiner kannte es anders, es war ganz normal.

"Erst im 14 Jh. hatte sich die Gabel in den Adelskreisen durchgesetzt. Jeder der fortan etwas auf sich hielt, trug seid dem, wenn er geladen war, eine kleine Schachtel Namens Cadena mit sich herum. Darin befand sich dann eben die eigene Gabel und ein Löffel die fortan wie ein Statussymbol geführt wurden. Selbstredend waren diese nun nicht mehr aus Holz, sondern aufwendig, ja zum Teil auch kostbar verziert. [Der Löffel wurde so kostbar, dass er vererbbar war. Sicherlich kennen Sie den Spruch: Den Löffel abgeben. Der kostbare Löffel wurde eben an den nächsten weitergereicht].

Bei der einfachen Bevölkerung jedoch, war der Gebrauch der Gabel nicht vertreten. Bis zum 15 Jh. blieb die Gabel als Essbesteck nur den gehobenen Schichten vorbehalten. Erst in der frühen Neuzeit feierte die Gabel ihren Siegeszug, zunächst bei der städtischen Bevölkerung, dann aber auch bei allen anderen". (15*)

Auf der nächsten Seite sehen wir dazu zwei Fotografien, die den originalen Abbildungen nachgestellt sind, welche in der Handschrift *De Universo* zu finden sind (leider war es mir vergönnt die Genehmigung für die Originale zu bekommen, um sie hier abzudrucken). Diese Enzyklopädie wurde von Rabanus Maurus um das Jahr 874 geschrieben und im Jahr 1473 gedruckt wurde (wobei ich annehme, dass die Bilder nach seiner Zeit hinzugefügt wurden). Heute wird die Handschrift und somit auch die gezeichneten Bilder im Kloster Montecassino (Italien) aufbewahrt.

(Bilder 18)   Die Fotos sind dem Originalen nachgestellt.

Auf beiden Bildern kann man sehen das beide Männer eine zweizinkige Gabel in der Hand halten. Als nächstes sehen wir noch mal über die Schulter eines geladenen Gastes, der einer Einladung zum Festessen nachkommt. Ging es bei dem Gastgeber vornehm zu, so reichten seine Diener den Gästen kleine Schüsseln mit Rosenwasser damit sie sich die Finger bzw. die Hände reinigen konnten, bevor sie sich dem Mahle widmeten. (Bild 20)

Oder sie stellten diese Schüsseln an den Kopfenden der Tafel auf, damit die Gäste auch während des Essens die Möglichkeit hatten, sich die Hände zu reinigen. Man höre und staune, es gab auch Servietten, mit denen man sich gar anschickte, den Mund zu wischen. "Zudem galt es als höflich, sich vor dem Essen frische Kleider anzulegen. Als unfein galt es hingegen mit dem Messer zwischen den Zähnen herumzustochern. Unschicklich war es den auch, die größeren Knochen unter den Tisch (oder hinter sich) zu werfen, wobei man sein Gegenüber hätte verletzen können.

Und Blähungen und ebenso allzu offensichtliches kratzen galten als ungehörig." (16*)

Vorhin lasen wir weiter oben, das Gurnemanz mit Parzival aus einer gemeinsamen Schüssel aß. Wie gesagt diente dieser Wortlaut nur den Zweck der engen Gemeinschaft der beiden anzudeuten. Bei einem normalen gemeinsamen Essen waren selbstredend genügend Töpfe oder Schüsseln, die man auf dem Tisch hätte stellen können, vorhanden. Gleichwohl stellte man auch Töpfe auf den Tisch, aus den jeder das Essen für sich herausnehmen konnte. Wie es auch heute noch in vielen Ländern gehandhabt wird.

Doch gab es auch hierzu gewisse Regeln zu beachten.

"Man hatte nicht mit den Fingern, mit denen man sich die Nase geschnäuzt hatte, in den gemeinsamen Topf zu greifen, auch wenn man das heute gern behauptet.

Der Truchsess selbst, oder jemanden den er damit beauftragte, achtete mit Argusaugen streng darauf, dass alle die Tischmanieren auch befolgten. Die aus Byzanz stammende Kaiserin Theophanu führte darüber hinaus die Sitte ein, sich mit dem kleinen Finger und dem Ringfinger zu schnäuzen, was wohl einige Übung bedurfte. Seitdem spreizen übrigens Damen, die als besonders vornehm gelten wollen, beim Tee trinken noch heute den kleinen Finger ab, ohne zu wissen, woher diese Sitte beziehungsweise Notwendigkeit überhaupt stammt." (16*)

In den bekannten Film "Der 13. Krieger", gibt es eine Szene bei der alle anwesenden Männer (Wikinger) eine gemeinsame Waschschüssel benutzen. In diese wird die Nase geschnäuzt, dass Gesicht gewaschen und der Mund gespült.

Diese Szene ist allerdings belegt und authentisch!!

Doch erstens, reden wir hier nicht von Wikingern in einer gänzlich anderen, viel früher stattfindenden Zeit und zweitens, möchten wir ja zudem die Tugenden behandeln, auch wenn wir wissen, dass diese Zeiten nicht nur schön, romantisch und der gleichen mehr waren. Zum Thema Tischsitten, sollte eine Tatsache ebenfalls Erwähnung finden.

Wolfram von Eschenbach war nicht nur einer der bedeutendsten Dichter im Mittelalter, er war auch ein Kritiker der Tischsitten seiner Zeitgenossen. So äußerte er sich ironisch über die neue höfische Gewohnheit seiner Zeit, dass sich zu Tische nun eine *bunte Reihe* immer größerer Beliebtheit erfreute, in der jeweils ein Edelfräulein/Dame neben einem Adligen saß. Dies war für die Männerwelt durchaus ein Umbruch, da zu Beginn des Mittelalters die Männer noch getrennt von den Frauen ihre Speisen einnahmen.

So mussten sie sich keinerlei Zwang antun. Auch dies zeigt uns, dass man immer mehr darauf achtete, dass gute Manieren zu Tische eingehalten wurden. Hier noch etwas anderes: Woher kommt eigentlich der Begriff, jemanden etwas zu *Kredenzen*?

Nun denn: Einst hatte der Vorkoster dafür Sorge zu tragen, dass das Essen und der Wein, den man seinen Herrn servierte, nicht vergiftet waren. Also aß bzw. trank er als erster von den gereichten Speisen.

"Erst wen er es überlebte, mochte auch der König glauben (was auf Lateinisch „credere" heißt), dass kein arsenhaltiges Haar in der Suppe, oder eben im Wein waren". (17*) Wenn demnach wir heute diesen Begriff verwenden, um anzudeuten das wir unseren Gästen etwas besonderes servieren möchten, so drücken wir uns damit schlicht und ergreifend falsch aus. Denn hiermit ist nicht das Servieren oder auch das Überreichen eines Geschenkes gemeint. Denn Geschenke kann man nicht Vorkosten bzw. Kredenzen! Ansonsten sollten unsere Gäste eigentlich von vornherein darin sicher sein dass sie bei uns nicht vergiftet werden. 😉

So möchte ich es hiermit genug sein lassen und hoffe, dass der Stoff einigen in *ihrer Darstellung als Ritter* helfen mag, und das andere eine bessere Meinung als zuvor über dieses Thema bekommen haben. Selbstredend kann nun jeder selbst entscheiden, was er mit diesen "Tatsachen" und diesem Wissen anfangen mag.

Mit dem Wissen:
- über einen vollkommenen Ritter ! -

Möge Gott selbst eure Wege geleiten.
Euch in Trauer auffangen und Stärke geben wo ihr der Stärke bedürft.
Für Gerechtigkeit, Ruhm und Ehre!!!

Abschließendes Fazit:

Es ist irrelevant, in welchem Zeitabschnitt wir uns im Laufe der Welt befinden. Wir haben aufgezeigt, dass gelebte Tugenden, ob vom Manne oder der Frau, wichtig sind im Umgang mit anderen und es wird immer eine Resonanz des Gegenüber geben. Ob Du in seiner Achtung steigst, er Dir ebenfalls Gutes tun wird oder Dir gar seine Freundschaft anbietet. Selbst wenn in einigen Fällen auch mal nichts zurückkehren mag (auch solche Menschen gibt es leider), so registriert es der Allmächtige gewiss.

Barmherzigkeit, Milde, Demut und all ihre anderen Eigenschaften, auch die der Treue und Tapferkeit, lehren uns, alle Menschen zu respektieren und zu achten. Denn diese Eigenschaften der Tugenden sind auch die seinen. Dies zeigte er durch sein Handeln auf Erden.

Gehabt Euch wohl !

Ritter und Graf Raimund von Löher,

Herr von Altenstadt, Herr von Wiesenthal und offizieller Repräsentant der Gemeinde Altenstadt.

Anno Domini: Februar 2024

Bildernachweise

Bild: 0   © Stadtarchiv Mainz Zeichnung: Lothar
Müller-Westphal

Bild 1   http://de.wikipedia.org/wiki/Bibel
Namensnennung: Raul654

Bild 1a   Wikipedia Codex Manesse Boppe ₵

Bild 1b   Wikipedia Codex Manesse Burggraf von Regensburg
₵

Bild 1c   Wikipedia Commons Codex Manesse
Johannes Hadlaub   ₵

Bild 1d   Wikipedia Commons Codex Manesse Konradin 395r
₵

Bild 1e   Wikipedia Commons Codex Manesse
Johann von Brabant   ₵

Bild 1f   Wikipedia Codex Manesse 395r Rubin von Rüdeger
₵

Bild 1g   Wikipedia Commons Datei: MilanBTCod470BookO-
Hours2FoliosAnnuncShepherdsDecortatedInit.jpg ₵

Bild 1h   Wikipedia Commons Datei: Handschrift.karlsruhe.
Blb.jpg   Quelle: Badische Landesbibliothek, Karlsruhe
₵

Bild 1i   Wikipedia Commons Datei: Meister der Wenzel-
werkstatt 002.jpg Quelle: Das Yorck-Projrkt (2002)
10.000 Meisterwerke der Malerei(DVD-ROM)   ₵

Bild 1j   Mit freundlicher Genehmigung von Almerlin historische Stoffhandlung https://almerlin.de

Bild: 2   http://de.Wikipedia.org/wiki/Friedrich_I._(HRR)

Bild: 3   http://de.Wikipedia.org/wiki/Schwertleite_ (Ritterpromotion)

Bild: 4   http://de.Wikipedia.org/wiki/Friedrich_II._(HRR)

Bild: 5   http://commons.Wikimedia.org/wiki/File:Die_ deutschen_Kaiser_Karl_der_Große.jpg "Gemeinfrei"

Bild: 5a   Eigenes Werk

Bild 6   Das kleine Buch vom Minnesang. Zusammengestellt von E.-O. Luthardt. S. 38, kleine Bibliothek Flechsig

Bild: 7   Professor Stefan Grathoff

Bild: 8   Das kleine Buch vom Minnesang. Zusammengestellt von E.-O. Luthardt. S.17, kleine Bibliothek Flechsig

Bild: 9   Das kleine Buch vom Minnesang. Zusammengestellt von E.-O. Luthardt. S.53, kleine Bibliothek Flechsig

Bild: 10   http://de.Wikipedia.org/wiki/Wolfram_von Eschenbach Namensnennung: Simon Koopmann

Bild 11   http://upload.wikimedia.org/wikipedia/commons/ d/d0/RichardSaladin.jpg

Bild 12   http://de.wikipedia.org/wiki/Krak_des_Chevaliers Uhrheber: xulun= Jan. F.

Bild:13   http://commons.wikimedia.org/wiki/File:Richard_I_in_Palestine.png

Bild: 14   http://de.wikipedia.org/w/index.php?title=Datei:Co dex_Manasse_Brunwart_von_Augheim.jpg

Bild: 15   http://de.wikipedia.org/w/index.php?title=Datei: Godefrey_of_Bouillon.jpg

Bild 15a   Wikimedia Commons Datei: Philippa von Hennegau -mini.gif ¢
Quelle: https://mandragore.bnf.fr/ark:/12148/cgfbt 424985

Bild 15b   Wikimedia Commons Datei: Christine de Pisan-cathedra .jpg Quelle: http://bcm.bc.edu/issues/winter_2010/ Endnotes/aneducated-lady.html   ¢

Bild: 16 http://de.wikipedia.org/w/index.php?title=Datei:Bad,_ En_medeltidsriddare_i_badet,_Nordisk_familjeb k.png

Bild: 17 http://commons.wikimedia.org/wiki/File:Renaud_de_ Montauban_banquet.jpg

Bild: 18   http://de.wikipedia.org/w/index.php?title=Datei: Banquet_de_Charles_V_le_Sage.jpg

Bild: 19   gemeinfrei

Bild: 20   Carsten Löher Frankfurt

Bild: 21   gemeinfrei   Gryffindor   Datei: Weltliche Schatzkammer Wien (166).JPG Wiki Commons

Textnachweise

1* : Walter Salber, Geoepoche 53, Ritter-Spiele
Das Hoffest zu Mainz, 1184 Seite 47

1a : Dieter Breuers, Ritter, Mönch und Bauersleut,
Bastei Lübbe Verlag, Band 12624, März 2002,
Die Reiter des Königs, Seite 250

2* :Internet.
www.brydesworld.fateback.com/magate/ma_texte/
lehnswesen.html Die Reiter des Königs, Seite 248/ 249

3b* : Dr. Christian Zentner, Deutsche Götter und Heldensagen,
Otus Verlag AG, St. Gallen, 2006, Wie Parzival seinen
Lehrmeister Gurnemanz findet und wahre Rittertugenden
Lernt. Seite 391

4* : Edmund Mudrak, Die schönsten Rittersagen,
Arena Verlag 2005, Zu Parzival und Loherangrin, Seite 212

5* : Dr. Christian Zentner, Deutsche Götter und Heldensagen,
Otus Verlag AG, St. Gallen, 2006, Wie Parzival seinen
Lehrmeister Gurnemanz findet und wahre Rittertugend
lernt, Seite 393 / 394

6* : Bedo, Karfunkel, Zeitschrift für erlebbare Geschichte
Nr. 82 Juni – Juli 2009, Wie schmutzig war das Mittelalter,
Eine kleine Geschichte der Hygiene, Seite 7

6a* : Bedo, Karfunkel, Zeitschrift für erlebbare Geschichte
Nr. 82 Juni – Juli 2009, Wie schmutzig war das Mittelalter,
Eine kleine Geschichte der Hygiene, Reinigungsmittel: die
Trennung von Luxus und Notwendigkeit, Seite 12

6b* : Bedo, Karfunkel, Zeitschrift für erlebbare Geschichte
Nr. 82 Juni – Juli 2009, Wie schmutzig war das Mittelalter,
Eine kleine Geschichte der Hygiene, Der Siegeszug der
Seife, Seite 11

6c* : Bedo, Karfunkel, Zeitschrift für erlebbare Geschichte
Nr. 82 Juni – Juli 2009, Wie schmutzig war das Mittelalter,
Eine kleine Geschichte der Hygiene, Seite 12

8*   : Edmund Mudrak, Die schönsten Rittersagen,
Arena Verlag 2005, Vorwort, Seite 9

9*   :Dieter Breuers, Ritter, Mönch und Bauersleut, Bastei
Lübbe Verlag, Band 12624, März 2002, Immer nach vorn
und notfalls in den Tod, Der Cherusker galt nicht als Vorbild,
Seite 274 / 275

10* : Dieter Breuers, Ritter, Mönch und Bauersleut, Bastei
Lübbe Verlag, Band 12624, März 2002, Die Armbrust
kommt in den Kirchenbann, Seite 208

11* :Dieter Breuers, Ritter, Mönch und Bauersleut, Bastei
Lübbe Verlag, Band 12624, März 2002, Immer nach vorn
und notfalls in den Tod, Edle Taten edler Krieger,
Seite 279 /280

12* : Dieter Breuers, Ritter, Mönch und Bauersleut, Bastei
Lübbe Verlag, Band 12624 März 2002, Immer nach vorn
und notfalls in den Tod, Richard Löwenherz als
Ehevermittler, Seite 281

13* : Dieter Breuers, Ritter, Mönch und Bauersleut, Bastei
Lübbe Verlag, Band 12624 März 2002, Immer nach vorn
und notfalls in den Tod, Gentleman Saladin, Seite 282 /283

13/1*: G/ Geschichte 3/ 2007, Welt im Umbruch, Das Abendland
zwischen Hunger und Aufbruch, Bedrohung und Angriffs-
geist verbinden sich, Seite 20/ 21

13/2*: G/ Geschichte 3/ 2007, Papst Urban ruft zum Kreuzzug, >>Gott will es!<<, Der Papst verkündet den Hilferuf des Ost-Kaisers, Höllenängste und die Sehnsucht nach dem Paradies, Seite 18/ 19

13.2A: PM-wissen.com

13a   : Dieter Breuers, Ritter, Mönch und Bauersleut, Bastei Lübbe Verlag, Band 12624 März 2002, ...und alle zehn Jahre eine Hungersnot, ...und manchmal aßen die Menschen auch Gras. Seite 477 - 479

14*   : Bedo, Karfunkel Zeitschrift für erlebbare Geschichte, Juni - Juli 2009, Nr. 82, Große Erfindungen, Die Gabel, Seite 41

15*   : Bedo, Karfunkel Zeitschrift für erlebbare Geschichte, Juni – Juli 2009, Nr. 82, Große Erfindungen, Die Gabel Seite 41

16*   : Dieter Breuers, Ritter, Mönch und Bauersleut, Bastei Lübbe Verlag, Band 12624 März 2002, ...und alle zehn Jahre eine Hungersnot, Bier - Grundnahrungsmittel für jung und alt, Seite 480 – 482

17*   : Dieter Breuers, Ritter, Mönch und Bauersleut, Bastei Lübbe Verlag, Band 12624 März 2002,...und alle zehn Jahre eine Hungersnot, Bier, Grundnahrungsmittel für jung und alt, Seite 481

Hier die Liste der neun guten Helden die ich auf Seite 57 erwähnt habe. Das Bild ist eine Darstellung aus dem historischen Kölner Rathaus im Hansesaal. (1385-1396) Diese „neun" setzen sich aus drei mal drei Helden zusammen.
Die ersten drei sind Heiden, die nächsten drei sind Juden und die letzten drei sind Christen.

Die heidnischen Helden der Antike sind:
Hektor von Troja * Alexander der Große * Julius Caesar

Die drei aus der Zeit des alten Testaments sind:
Judas Makkabäus * König David * der Prophet Josua

Die drei Christen sind:
König Artus * Karl der Große * Gottfried von Bouillon.

(http://de.wikipedia.org/wiki/Neun_Gute_Helden)
Bild v.: Elke Wetzig (Elya)

Diese eine ganze Seite, möchte ich all denen widmen, die mir die Erlaubnis zusagten, ihre Werke zum Teil zitieren zu dürfen und all denen, die mich mit ihren Bildern unterstützten.

Meinen aufrichtigen Dank !!!

Raimund von Löher
- historischer Roman -

Die Ritterschlacht bei Worringen

A.D. 1266

Als zweiter Sohn einer Landadelsfamilie wächst Raimund von Löher in alter Stadt, oberhalb des schönen Niddertal in der Wetterau auf. Sein eigener Weg beginnt, als ihn seine Ausbildung zum Ritter von zuhause fortführt. Er erlernt die Tugenden eines Ritters, dass höfische benehmen und die Ritterlichen Formen des Kampfes. Fortan dient er als Knappe seinem Herrn Konrad von Solms. Um seine Geschicklichkeit im Kampf weiter zu verbessern, beschließt Konrad mit

seinem Knappen Land auf zu reisen, um an den verschiedensten Arten von Turnieren teilzunehmen. Als sie in einer Herberge nahe Dillingen die Bekanntschaft des Burggrafen Walram von Nideggen machen, werden sie unverhofft in die dortige Fehde bezüglich einer Erbstreitigkeit hineingezogen. Zwischen den Männern entsteht eine freundschaftliche Verbindung und Konrad wie auch Raimund selbst, lassen sich von Walram als Vasallen in seine Dienste stellen.

Währenddessen bekommt Raimund Nachricht aus alter Stadt, dass sein Vater sich in ernsthaften Schwierigkeiten befindet und sich wohl auch zuhause ein bewaffneter Konflikt abzeichnet. Hin und hergerissen zwischen dem Aufbruch nachhause und seinem Pflichtgefühl Walram gegenüber, entschließt er sich jedoch zu bleiben.

Diese Entscheidung führt ihn mitten hinein in die wohl größte Ritterschlacht auf deutschem Boden:

In die Ritterschlacht von Worringen.

E Book: 9783748134244   Buch: 9783752867589

was verbirgt sich hinter der Geschichte?

Raimund von Löher

Print Book: 9783757820657   E-Book: 9783757877088

Die Erzählung über den sinnreichen Junker Don Quijote von der Mancha ist eine der einflussreichsten und bekanntesten Bücher der Weltliteratur.

Das Beziehungsgeflecht, das diesem und auch anderen großen Romanen zugrunde liegt, macht das Buch des Miguel de Cervantes zu einem offenen Werk und da Menschen gerne dazu neigen, Dinge einer Schublade zuzuführen, geschieht solches eben auch mit Büchern. Doch nur selten kann man Bücher wie dieses auf einen einzigen Gedanken reduzieren oder zusammenfassen. Es ist weit mehr als nur eine Ritterparodie.

So gehört leider auch Don Quijote zu den vielleicht am meisten etikettierten Romanen der Welt. Auch gerade deshalb ist es leider eine Tatsache, dass es wohl zu den am schlechtesten gelesenen Büchern überhaupt zählt. In diesem Buch wird gezeigt, dass weit mehr hinter der offensichtlichen Geschichte schlummert. Zahlreiche Abenteuer des Protagonisten werden beleuchtet und mit Bezug auf unsere heutige Zeit erarbeitet.

Bleiben Sie neugierig !

(Bild 21)